L'astucerie

Media Partisans GmbH
Berliner Str. 89
14467 Potsdam Germany

ISBN: 978-3-9821688-2-1

L'astucerie

Retrouvez-nous sur :

www.lastucerie.fr

L'astucerie est devenue un site de référence pour des millions d'Internautes qui aiment découvrir les astuces, conseils et tutoriels proposés au quotidien sur le web. C'est donc en toute logique que nous résumons aujourd'hui le meilleur de ces trois dernières années dans un seul livre : des astuces utiles pour le ménage et le nettoyage, des projets DIY et bricolage à faire à la maison, des solutions simples aux problèmes de tous les jours et bien plus encore. Qu'il s'agisse de retirer une vis endommagée, de récupérer une plaque de cuisson encrassée ou simplement d'ajouter une touche personnelle et originale à votre intérieur, ce livre devient un incontournable et une perpétuelle source d'inspiration.

Pour beaucoup de ces projets, astuces et DIY, il existe un QR Code pour accéder directement à la vidéo.

Du vieux avec du neuf !

Déco d'intérieur DIY

Une maison propre

Réparations rapides

Du vieux avec du neuf !

Des projets créatifs pour transformer vos vieux objets en nouvelles pièces tendances

Pochette gourmande refermable

Lorsque les bonbons sont mangés, ne jetez pas le sachet ! Vous pouvez le transformer en une pochette colorée avec fermeture Éclair.

Chupa Chups
LOLLIPOPS
DO YOU ME?

Au travail !

1. Découpez le sachet vide de manière à ce que le devant et le dos soient deux morceaux de taille égale.
2. Posez du ruban adhésif pour emballage sur les faces imprimées. Découpez le ruban adhésif qui dépasse avec des ciseaux.
3. Couvrez les deux moitiés du sachet avec du papier cuisson et repassez-les.
4. Placez la fermeture Éclair sur le haut d'un des morceaux de tissu. Ajoutez la face avant du sachet, face imprimée contre le tissu. Le haut du sachet doit être posé sur le haut de la fermeture Éclair.
5. Cousez le tissu, la fermeture Éclair et l'emballage ensemble, le long du bord supérieur.
6. Posez les éléments que vous venez de coudre sur une surface plane, fermeture Éclair vers le haut. Prenez l'autre partie du sachet, retournez-la pour avoir la face imprimée face à l'autre moitié du sachet et déposez le bord supérieur sur la fermeture Éclair encore non cousue.
7. Ajoutez l'autre moitié restante de la pièce de tissu et cousez le tout. Refaites un point de couture au dos.
8. Placez les deux parties en plastique l'une sur l'autre et faites de même avec le tissu. Coudre les sachets ensemble sur leurs trois côtés ; coudre les morceaux de tissu uniquement sur leurs longueurs, en laissant le bas ouvert.
9. Retournez le sachet par cette ouverture.
10. Retirez à nouveau la doublure du sac et cousez l'ouverture.
11. Remettez enfin la doublure dans le sac, qui est maintenant terminé et prêt à être rempli.

Dans l'atelier :

- 1 sac de bonbons vide
- 1 fermeture Éclair de la largeur du sachet
- 2 morceaux de tissu aux dimensions du sachet
- 1 aiguille et du fil (ou une machine à coudre)
- Ruban adhésif transparent pour emballage
- Papier cuisson
- Fer à repasser
- Ciseaux

Astuce

Attachez une sangle pour en faire un petit sac à main.

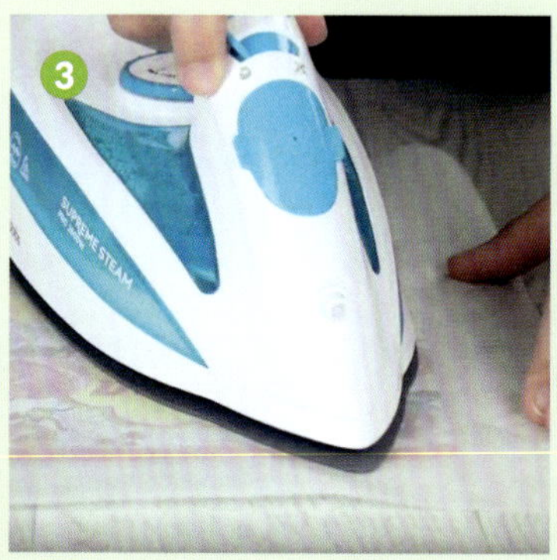

Cette idée en vidéo : https://www.lastucerie.fr/sac-chupa-chups/

Au travail !

1. Faites une entaille légèrement en dessous du milieu de la balle de tennis pour lui créer une bouche.

2. Collez les deux yeux mobiles légèrement au-dessus de la découpe.

3. Attachez la ventouse à l'arrière de la balle à l'aide de la colle chaude.

4. Fixez au mur.

5. Pressez la balle de tennis pour ouvrir la bouche de votre Smiley et accrocher tout ce que vous voulez : par exemple votre brosse à dents, vos clés, votre courrier, etc.

Dans l'atelier :

- 1 balle de tennis
- 1 ventouse
- 2 yeux mobiles auto-collants
- Couteau bien aiguisé
- Pistolet à colle chaude

Astuce

Utilisez un peu de laine pour lui donner un look drôle et original.

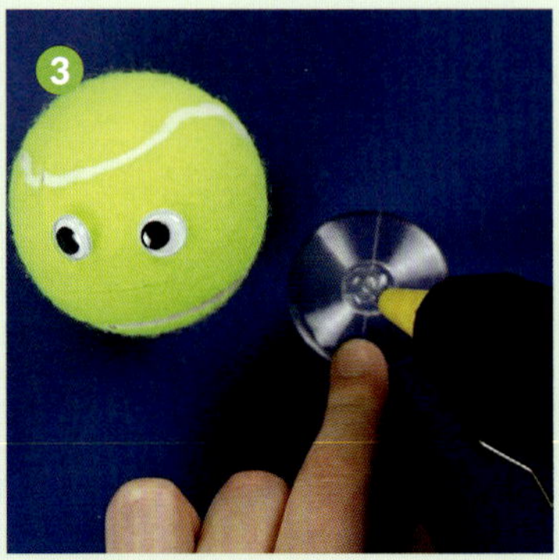

Smiley accroche-tout

Il ne suffit que d'une petite entaille et d'un peu d'imagination pour transformer une balle de tennis en un accroche-tout à fixer n'importe où dans la maison.

Cette idée en vidéo : https://www.lastucerie.fr/crochets-balle-de-tennis/

Au travail !

1. Nettoyez bien la bouteille.

2. Utilisez le coupe-bouteille pour tracer une profonde rainure tout autour.

3. Tenez la bouteille au-dessus du saladier et versez de manière alternée l'eau chaude et froide sur la ligne tracée. Les morceaux se détacheront tout seuls.

4. Le fond de la bouteille peut être jeté. Poncez le bord coupé avec le papier de verre.

5. Faites passer le câble luminaire par le goulot afin que la douille se retrouve à l'intérieur de la bouteille et vissez l'ampoule. Il ne vous reste plus qu'à accrocher le câble.

Dans l'atelier :

- 1 bouteille en verre vide
- 1 câble luminaire avec douille
- 1 ampoule
- Coupe-bouteille
- Saladier
- Eau froide
- Eau chaude
- Papier de verre

Astuce

Poncez les bords du fond de la bouteille pour les rendre bien lisses et l'utiliser comme un petit verre ou un cendrier.

Bouteilles abat-jours

Donnez une seconde vie à vos bouteilles en verre vides et apportez une ambiance cosy à votre salon.

Cette idée en vidéo : https://www.lastucerie.fr/lampe-en-verre/

Au travail !

1. Séparez le devant et le derrière du t-shirt. Étalez le t-shirt bien à plat, placez l'oreiller au milieu et coupez le tissu en laissant une marge d'environ 10 cm tout autour de l'oreiller.

2. Découpez de petits carrés dans chaque coin du tissu.

3. Mettez l'oreiller de côté et découpez des franges tout autour du tissu, d'une largeur de 2 à 3 cm et d'une profondeur égale à celle des carrés dans les coins.

4. Placez une des parties du t-shirt de côté et déposez l'autre partie sur un plan de travail, côté imprimé non visible.

5. Placez le coussin sur le tissu et ajoutez la deuxième partie du t-shirt par-dessus, côté imprimé vers le haut.

6. Attachez les deux moitiés de t-shirt ensemble en nouant les franges. Votre oreiller est maintenant prêt.

Dans l'atelier :

- 1 vieux t-shirt
- 1 coussin de canapé
- Ciseaux

Astuce

Les couvertures, draps et autres vêtements peuvent tout aussi bien être utilisés.

Vieux t-shirts pour coussins originaux

Libérez de l'espace dans votre garde-robe en confectionnant des taies d'oreiller à partir de vieux t-shirts ou vieilles chemises, sans avoir à utiliser une seule fois l'aiguille.

Cette idée en vidéo : https://www.lastucerie.fr/t-shirt-coussin/

Au travail !

1. Nettoyez soigneusement les boîtes de conserve. Baignez-les dans l'eau chaude si besoin pour enlever l'étiquette et la colle.
2. Lorsqu'elles sont sèches, peignez-les avec la couleur de votre choix.
3. Prenez une serviette en papier au motif de votre choix et découpez-la. Utilisez uniquement la feuille supérieure de la serviette avec le motif.
4. Enduisez la boîte de vernis-colle et déposez le motif découpé dessus. Faites attention car lorsque la serviette sera posée sur la colle, vous ne pourrez plus corriger son emplacement.
5. Appliquez une nouvelle couche de vernis-colle par-dessus la serviette et laissez sécher.
6. Utilisez le pistolet à colle chaude pour fixer les boîtes sur le morceau de bois. Installez le tout sur votre bureau et remplissez les conserves avec des crayons, stylos, ciseaux, etc.

Dans l'atelier :

- 3 boîtes de conserve vides
- 1 morceau de bois à la surface plane
- Vernis-colle pour serviette en papier
- Serviettes en papier aux motifs colorés
- Pistolet à colle chaude
- 2 petits pinceaux
- Peinture acrylique
- Ciseaux

Astuce

Au lieu de coller les boîtes sur une planche, vous pouvez aussi les attacher ensemble les unes aux autres.

Boîtes de conserve sur le bureau

Avec seulement trois boîtes de conserve, rangez le chaos sur votre bureau.

Cette idée en vidéo : https://www.lastucerie.fr/recyclage-boites-conserve/

Au travail !

1. Avec le feutre, dessinez le tracé de votre découpe tout autour du haut de la bouteille de shampoing. N'oubliez pas de laisser une languette assez large sur l'une des faces, plus grande que la prise du chargeur. Coupez au cutter en suivant la ligne tout juste dessinée.

2. Découpez un trou dans la languette par lequel passera la prise du chargeur.

3. Poncez les bords découpés avec du papier de verre.

4. Pour décorer la bouteille, vaporisez-la avec la peinture de votre choix et laissez sécher.

5. Fini ! Vous pouvez maintenant suspendre votre portable directement à la prise de courant. Il sera ainsi en sécurité lors de la recharge.

Dans l'atelier :

- Cutter
- Stylo-feutre
- Papier de verre
- Peinture en spray
- Bouteille de shampoing vide

Astuce

Avec un peu de peinture acrylique et d'imagination, vous pouvez personnaliser votre support à votre goût.

Support de charge pour téléphone

Avec une bouteille de shampoing, fabriquez un support qui permet de ranger et de protéger votre téléphone pendant sa recharge.

Cette idée en vidéo : https://www.lastucerie.fr/boite-chargeur-portable/

Au travail !

1. Nettoyez soigneusement le récipient et enlevez l'étiquette

2. Enroulez le ruban de masquage tout autour et au centre du récipient. Vaporisez ensuite avec de la peinture.

3. Lorsque la peinture est sèche, retirez le ruban de masquage. Votre vase est prêt.

Dans l'atelier :

- Peinture en spray
- Ruban de masquage
- Bouteille ou bocal en verre vide

Astuce

Pour rendre le vase plus vivant, appliquez le ruban de masquage en zigzag ou travaillez avec différentes couleurs.

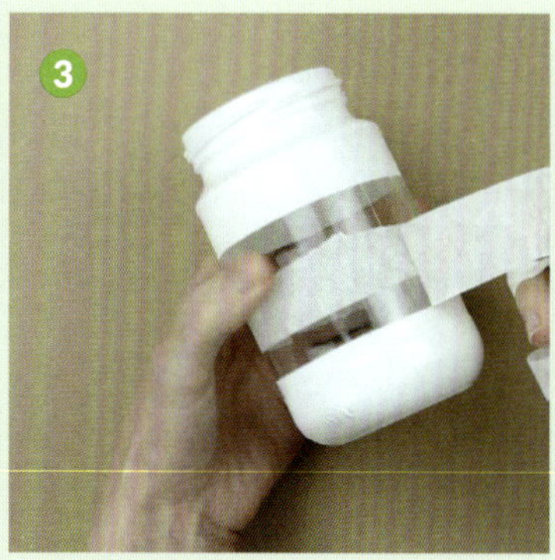

Vases en bouteilles et bocaux de verre

Transformez les bouteilles et bocaux en verre en vases élégants et embellissez votre maison avec des pièces uniques.

Cette idée en vidéo : https://www.lastucerie.fr/vase-conserve/

Au travail !

1. Faites tremper le vêtement que vous voulez teindre dans une solution d'eau et de cristaux de soude pendant 10 minutes.

2. Étalez le vêtement devant vous. Resserrez-le vers le centre pour obtenir des petits plis. Enroulez le vêtement autour d'un rouleau d'essuie-tout.

3. Placez un élastique à chaque extrémité du vêtement enroulé pour le fixer au tube. Enroulez ensuite du fil dentaire tout autour, et de manière irrégulière, du vêtement.

4. Placez le vêtement enroulé et noué sur une grille sous laquelle est déposé le papier sulfurisé. Enfilez des gants et appliquez la peinture textile.

5. Versez de la teinture textile sur une moitié du vêtement et choisissez une autre couleur pour la deuxième moitié. Suivez les instructions sur l'emballage. La teinture met généralement environ une heure à se fixer.

6. Lorsque la teinture est fixée, lavez le vêtement avant de le porter.

Dans l'atelier :

- 1 t-shirt blanc
- Fil dentaire
- 1 feutre textile non permanent
- Teintures textiles de votre choix
- Grille de four
- Papier cuisson
- Eau et cristaux de soude
- Tube en carton d'un rouleau d'essuie-tout
- 2 élastiques
- 1 paire de gants hermétique

Astuce

Vous pouvez également utiliser cette technique sur les housses de couette pour dormir dans des draps colorés.

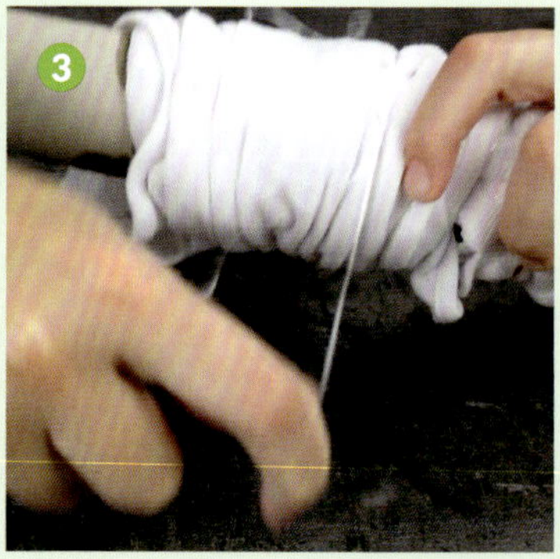

Le retour du t-shirt tie and dye

Il suffit de peu de choses pour transformer un t-shirt blanc uni en une pièce flashy au design rétro. Peace !

Cette idée en vidéo : https://www.lastucerie.fr/tshirts-barioles/

Au travail !

1. Disposez les photos sur la table de manière à ce qu'elles couvrent toute la surface.
2. Une fois l'arrangement terminé, coupez toutes les parties des photos et cartes postales qui débordent.
3. Commencez ensuite par le haut en retirant une rangée de premières photos. Recouvrez la surface découverte de la table avec du vernis-colle et badigeonnez les faces imprimées de ce même produit. Reproduisez cette étape jusqu'à ce que l'ensemble du dessus de table soit recouvert.
4. Lorsque toutes les photos sont collées, laissez sécher avant de passer à l'étape suivante.
5. Préparez la zone de travail en posant du papier journal ou une toile de protection sous la table afin de protéger le sol.
6. Mélangez maintenant la résine époxy en suivant exactement les recommandations du fabricant et versez le tout au centre de la table. Utilisez la raclette pour maroufler et étaler la résine sur toute la table. Essuyez toute la résine qui pourrait couler sur les côtés.
7. La résine doit être sèche au toucher après 24 heures, mais il faut environ 7 jours pour qu'elle durcisse complètement.

Dans l'atelier :

- 1 table
- Suffisamment de photos ou de cartes postales pour recouvrir le dessus de table
- Ciseaux
- 1 pinceau
- Vernis-colle
- Papier journal
- Résine époxy
- 1 pot pour mélanger
- 1 raclette pour maroufler

Astuce

Si vous ne voulez pas utiliser vos précieuses photos (de vieilles photos non numérisées par exemple), les affiches et les cartes postales fonctionnent tout aussi bien.

Collage photos sur table

Gardez vos plus beaux souvenirs sous vos yeux avec ce projet sympa et facile qui donnera du cachet à la plus simple des tables.

Cette idée en vidéo : https://www.lastucerie.fr/table-photos/

Au travail !

1. Nettoyez soigneusement le bocal et enlevez les étiquettes.
2. Badigeonnez l'extérieur du bocal de vernis-colle.
3. Collez quelques feuilles sur l'extérieur du bocal et badigonnez-les elles aussi de vernis-colle.
4. Appliquez de la colle artisanale sur les rainures du goulot en haut du bocal et enroulez de la ficelle autour.
5. Lorsque la colle artisanale et le vernis-colle sont secs, vous pouvez y placer une bougie chauffe-plat et l'allumer.

Dans l'atelier :

- Feuilles mortes colorées
- Vernis-colle
- Colle artisanale
- 1 bocal en verre
- 1 cordelette

Astuce

Suspendez des marrons ou des glands autour de votre bocal pour donner une touche automnale supplémentaire.

Lumières d'automne

Quand il commence à faire froid dehors, il y a un moyen facile d'ajouter une ambiance chaleureuse à votre maison.

Cette idée en vidéo : https://www.lastucerie.fr/deco-automne/

Au travail !

1. Coupez la partie supérieure de la bouteille avec le cutter. Assurez-vous que la partie inférieure est un peu plus courte que les crayons ou tout autre objet que vous voudrez mettre à l'intérieur.

2. Faites chauffer le fer à repasser et passez-le brièvement à l'endroit où la bouteille a été découpée pour lisser les bords. En un rien de temps, vous avez fabriqué un pot à crayons recyclé.

Dans l'atelier :

- 1 bouteille en plastique
- Cutter
- Fer à repasser

Astuce

Vous pouvez décorer les pots avec de la peinture en spray ou du ruban adhésif coloré.

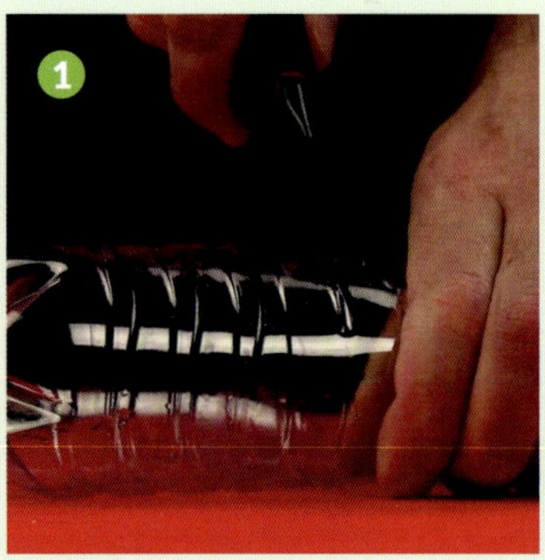

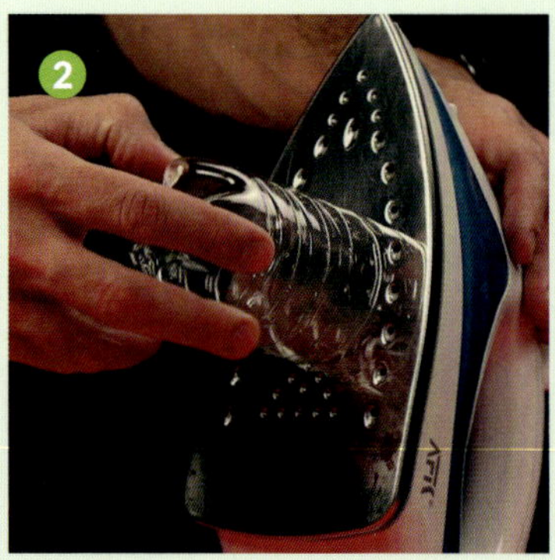

Pot à crayons en bouteille en plastique

C'est un moyen extrêmement rapide et facile de garder tous vos crayons, stylos, pinceaux, ciseaux et autres bien rangés sur votre bureau.

Cette idée en vidéo : https://www.lastucerie.fr/cinq-bouteilles-plas-recyc/

Au travail !

1. Coupez la partie supérieure de la bouteille en plastique, en dessous du goulot, de manière à obtenir un petit entonnoir.

2. Insérez le haut d‘un sachet en plastique rempli de produits secs par le bas de l‘ouverture de la bouteille en plastique. Faites dépasser le sachet de quelques centimètres à l‘extérieur de la bouteille.

3. Rabattez le sachet autour du goulot.

4. Vissez le bouchon pour fermer.

5. Désormais, il suffit d‘ouvrir la bouteille pour verser le contenu du sac facilement et sans tout renverser. Votre nourriture est ainsi emballée de manière sûre et hermétique.

Dans l’atelier :

- 1 bouteille en plastique
- Lame tranchante

Astuce

Utilisez des couleurs différentes pour le bouchon pour identifier plus rapidement ce qui se trouve à l‘intérieur.

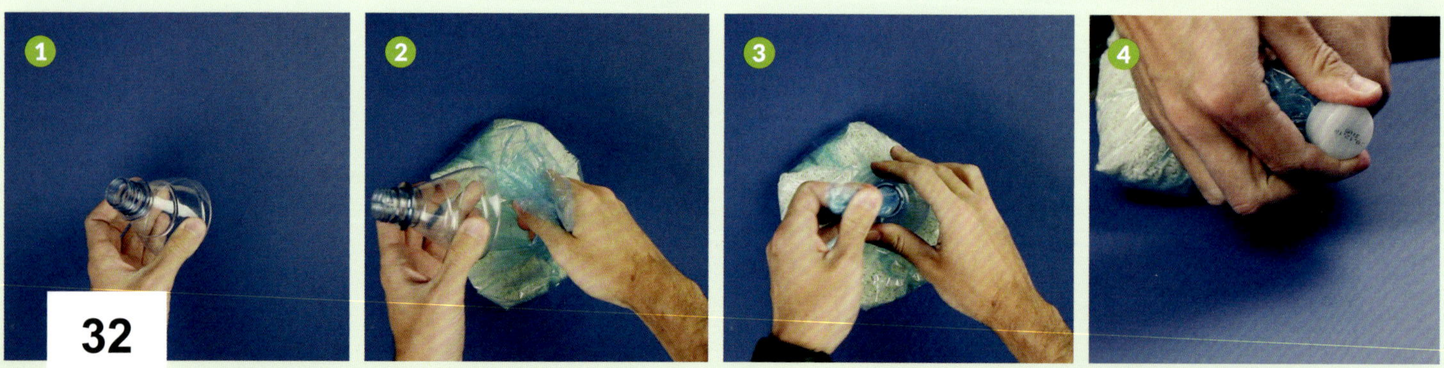

Bec verseur refermable

Transformez une bouteille en plastique en un sachet avec bec verseur refermable !

Cette idée en vidéo : https://www.lastucerie.fr/cinq-bouteilles-plas-recyc/

Déco d'intérieur DIY

Des idées astucieuses pour donner du cachet à votre espace de vie

Œuvre d'art fondante

Avec des crayons de cire, un sèche-cheveux et un peu d'imagination, vous pouvez créer une œuvre d'art très spéciale pour votre maison.

Au travail !

1. Faites les contours du dessin et découpez-le.
2. Peignez-le en noir.
3. Collez le dessin sur la partie inférieure de la toile, mais pas tout en bas.
4. Faites une rangée de crayons de cire sur le haut de la toile et utilisez le pistolet à colle chaude pour les fixer.
5. Trouvez un bol ou un objet similaire dont le contour est à peu près de la même taille que le haut de votre dessin. Nous en avons utilisé un qui correspondait au motif de notre parapluie.
6. Utilisez le ruban de masquage pour fixer le bol sur l'image. Pensez que la pluie de cire doit « tomber » sur le haut du dessin, le ruban de masquage doit donc en épouser les contours.
7. Couvrez le reste du motif avec du ruban de masquage.
8. Placez la toile debout contre le mur sur une surface protégée et utilisez le sèche-cheveux pour faire fondre les crayons. Pensez à protéger le sol.
9. Une fois un bel effet de pluie colorée obtenu, vous pouvez colorier le bas de votre tableau avec de la peinture noire. Laissez sécher, suspendez la toile et profitez de votre nouveau chef-d'œuvre.

Dans l'atelier :

- 1 toile
- 1 crayon de papier
- 1 modèle de dessin de votre choix
- Colle artisanale
- Crayons de cire
- Pistolet à colle chaude
- 1 bol
- Ruban de masquage
- Peinture acrylique noire
- 1 pinceau
- Sèche-cheveux
- 1 feuille de papier

Astuce

N'hésitez pas à utiliser vos propres idées de dessin et à les peindre directement sur la toile.

1

2

3

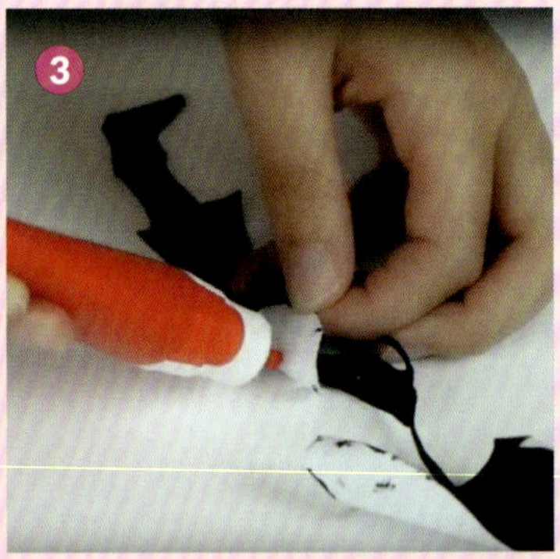
4

Cette idée en vidéo : https://www.lastucerie.fr/toile-crayons-cire/

Peluche en serviette de bain

Sans avoir besoin de coudre, vous pouvez transformer une vieille serviette de bain en une peluche douce et douillette.

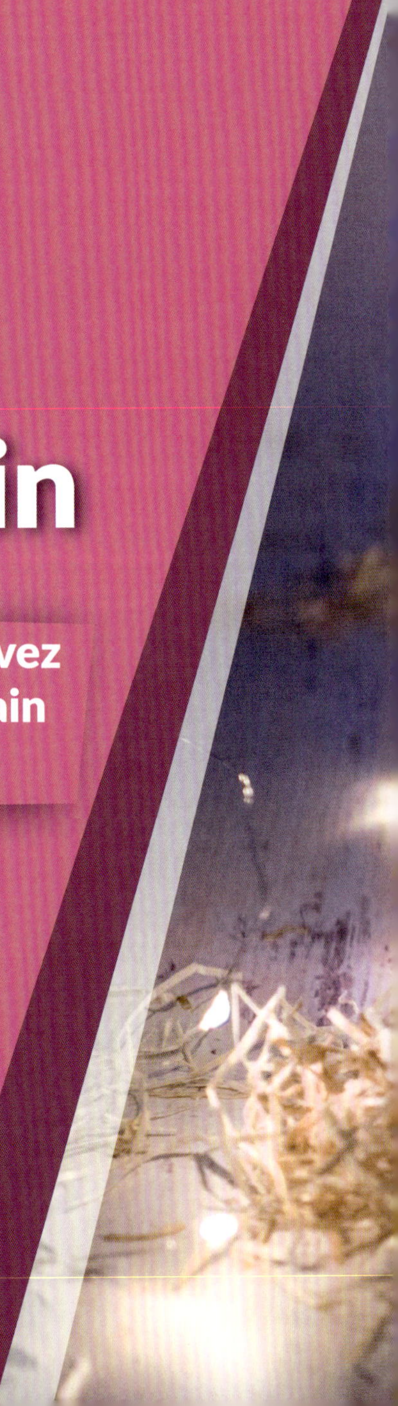

Au travail !

1. Étalez la serviette sur une surface plane de façon à avoir les bords les plus longs en haut et en bas.
2. Roulez le haut de la serviette vers le bas jusqu'à arriver au milieu.
3. Roulez le bas de la serviette jusqu'au milieu de façon à obtenir deux rouleaux horizontaux.
4. Repliez la serviette en deux pour trouver son milieu. Faites un peu glisser l'une des deux parties pour en avoir une plus longue que l'autre.
5. Faites ensuite une torsion complète au point précédemment trouvé.
6. Écartez un peu les rouleaux du côté le plus court pour former les bras de l'ourson.
7. Tenez les bras et le reste du corps en place et nouez un élastique autour de la partie haute pour former la tête.
8. Tirez un peu de tissu sur chaque côté de la tête pour former les oreilles et enroulez des élastiques autour.
9. Enroulez un autre élastique autour du cou pour maintenir la tête fermement en place.
10. Ajoutez la touche finale parfaite en enroulant un ruban décoratif autour du cou. Ajustez sa longueur et attachez-le avec un joli nœud.

Dans l'atelier :

- 1 petite serviette de bain
- 4 élastiques
- 1 ruban décoratif
- Ciseaux

Astuce

Collez ou cousez des yeux sur votre ourson pour lui donner vie.

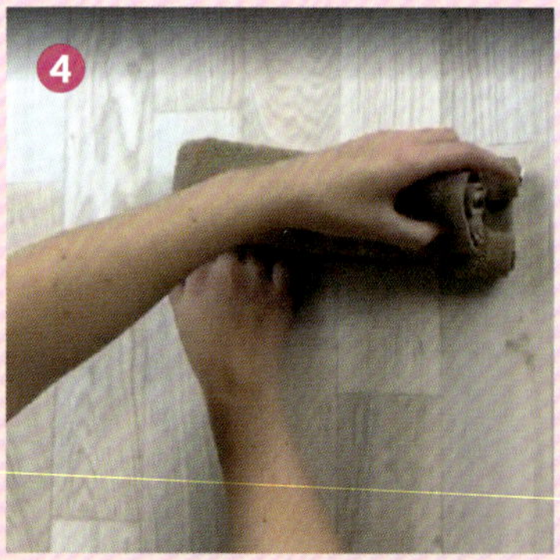

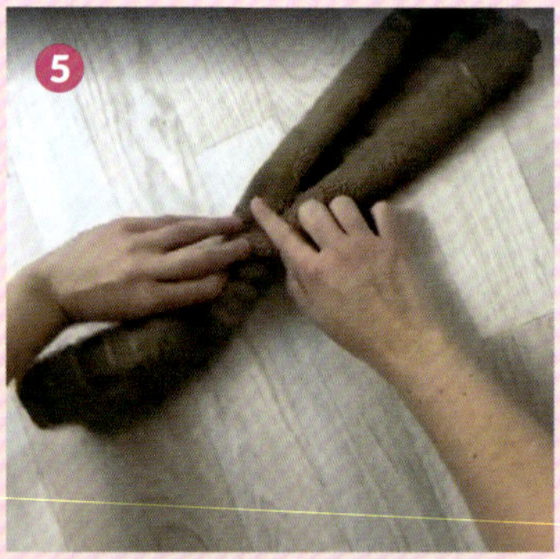

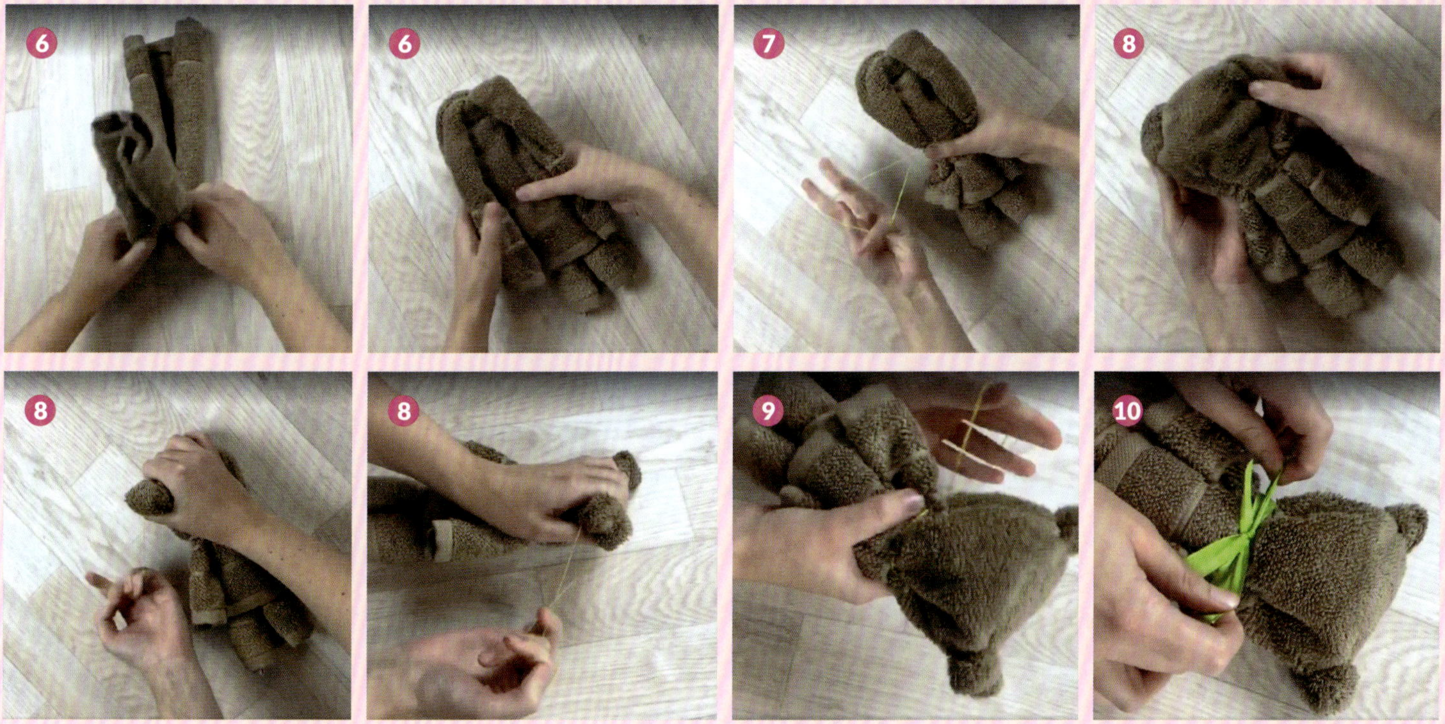
6
6
7
8
8
8
9
10

Tapis en pompons de laine

Avec un peu de laine et des rouleaux de papier toilette, fabriquez un tapis hyper moelleux pour vos pieds douillets.

Au travail !

1. Enroulez chacune de vos bobines de laine autour de deux cartons de papier toilette.

2. Coupez le fil lorsque vous avez enroulé la laine de manière suffisamment épaisse. Passez ensuite un fil entre les deux rouleaux et faites un nœud autour de la laine enroulée.

3. Retirez délicatement les rouleaux et nouez fermement le nœud autour de votre pelote. Faites un deuxième nœud pour une meilleure tenue.

4. Avec les ciseaux, coupez les boucles de laine pour obtenir un pompon et raccourcissez un peu les poils de vos boules avec la paire de ciseaux pour égaliser.

5. Avec le fil que vous avez utilisé pour nouer le pompon, accrochez-le au tapis antidérapant.

6. Répétez ces étapes jusqu'à ce que le tapis soit rempli de pompons. Essayez différentes couleurs pour réaliser une pièce originale et sur-mesure.

Dans l'atelier :

- Pelotes de laine de différentes couleurs
- Ciseaux
- 2 rouleaux de papier toilette
- 1 tapis antidérapant

Astuce

Créez votre propre motif en faisant des lignes, des ronds ou un damier.

Cette idée en vidéo : https://www.lastucerie.fr/tapis-pompon-diy/

Étoile de Noël

Ajoutez encore plus de gaieté à votre décoration intérieure en cette période de fêtes de fin d'année avec ce classique de Noël.

Au travail !

1. Commencez par réaliser le modèle en prenant un morceau de papier ou carton aux mêmes dimensions que les sacs en papier. Tracez la forme indiquée sur l'image et découpez-la.
2. Placez le gabarit sur chaque sac et tracez-en les contours.
3. Découpez chaque sac pour lui donner la forme voulue en suivant les lignes tracées.
4. Il est maintenant temps de coller tous les sacs ensemble. Posez un sac sur une surface plane, la flèche pointant vers le haut. Au milieu, collez un morceau de ruban adhésif double face du haut vers le bas et un autre morceau à la perpendiculaire, à la base du sac.
5. Posez un autre sac sur le premier et appuyez fermement dessus.
6. Répétez ces étapes jusqu'à ce que tous les sacs soient collés ensemble.
7. Utilisez le bâton de colle pour fixer les bandes de papier cartonné que vous aurez disposées au centre du premier et dernier sac, à la verticale.
8. Une fois la colle sèche, ouvrez votre étoile. Prenez les deux sacs à l'extrémité et faites-les se rejoindre en dépliant l'étoile.
9. Maintenez les extrémités ensemble et percez un trou des deux côtés. Enfilez la ficelle dans le trou et nouez-la. Cela permettra de maintenir l'étoile ensemble et de l'accrocher.

Dans l'atelier :

- 7 sacs à sandwich en papier
- 1 feuille ou 1 carton pour le modèle
- 1 crayon
- Ciseaux
- Ruban double face
- Colle en baton
- 2 bandes de papier cartonné (environ 2 x 10 cm)
- Perforatrice
- Ficelle

Astuce

Utilisez différentes couleurs pour donner vie à votre étoile.

Patron du modèle

Cette idée en vidéo : https://www.lastucerie.fr/decoupage-rosace-noel/

3 idées pour des vases originaux

Les fleurs peuvent vraiment embellir n'importe quelle pièce. Voici trois idées originales pour rendre de simples vases exceptionnels !

Au travail !

Mur de citrons

1. Placez le vase le plus étroit dans le plus large.
2. Coupez suffisamment de tranches de citron, assez épaisses, et empilez-les les unes sur les autres dans l'espace entre les deux vases. Remplissez cet espace avec de l'eau.
3. Enfin, versez de l'eau dans le vase intérieur et placez les fleurs dedans.

Soutien invisible

1. Remplissez d'eau le bol large et collez-y une grille de ruban adhésif.
2. Raccourcissez les tiges des fleurs pour qu'elles atteignent l'eau. Posez ensuite les fleurs à travers les trous de la grille pour créer votre arrangement.

Fleurs flottantes

1. Coupez la tige de chaque rose à environ deux largeurs de doigt sous la fleur.
2. Pour chaque rose, découpez du papier bulle en forme de petits ronds. Ils doivent être à peu près de la même taille que les fleurs, pour ne pas se voir ensuite dans le vase.
3. Remplissez un grand saladier en verre ou un bocal d'eau et couvrez toute la surface de l'eau avec les roses préparées. Grâce au papier bulle, elles flotteront toutes.

Dans l'atelier :

- 1 grand vase en verre
- 1 vase à peu près de la même hauteur mais plus étroit que le premier
- Citrons
- 1 saladier en verre ou un bocal
- Papier bulle
- 1 bol large
- Ruban adhésif

Astuce

Concevez vos décorations comme vous le souhaitez, en utilisant des oranges au lieu des citrons ou des tulipes au lieu des roses, par exemple.

Cette idée en vidéo : https://www.lastucerie.fr/vases-fleurs/

Mini-bonnets

Avec ces petits capuchons mignons, vous donnez à votre décoration de Noël un cachet particulier.

Au travail !

1. Aplatissez le rouleau de papier toilette. À l'aide d'une règle et d'un stylo, faites une marque tous les 1,5 cm.
2. Coupez votre rouleau en suivant les marques que vous venez de réaliser pour avoir 5 anneaux de la même taille.
3. Coupez des morceaux de ficelle d'une longueur de 30 cm. Vous aurez besoin d'environ 50 ficelles par mini-bonnet.
4. Prenez une ficelle et pliez-la en deux. Faites passer la boucle dans l'anneau, puis les bouts de la ficelle dans la boucle de sorte à ce que celle-ci soit attachée à votre anneau de papier toilette. Répétez ce processus avec les autres morceaux de ficelle jusqu'à ce que tout l'anneau soit recouvert de fils. Gardez un bout de ficelle de côté pour plus tard.
5. Faites deux paquets des fils de laine attachés, torsadez-les légèrement pour les passer à travers l'anneau en carton. Réarrangez vos fils pour qu'ils ne soient pas emmêlés.
6. Environ 2 cm au-dessus du carton, attachez toutes les ficelles ensemble avec le fil que vous aviez mis de côté. Vous pourrez accrocher les mini-bonnets avec celui-ci, ne le coupez pas.
7. Enfin, façonnez votre mini-bonnet en coupant un peu les fils qui dépassent pour faire le pompon.

Dans l'atelier :

- Laine aux couleurs de votre choix
- 1 rouleau de papier toilette
- Ciseaux
- 1 crayon
- 1 règle

Astuce

En plus des guirlandes et des boules, ces mini-bonnets sont la décoration idéale pour l'arbre de Noël.

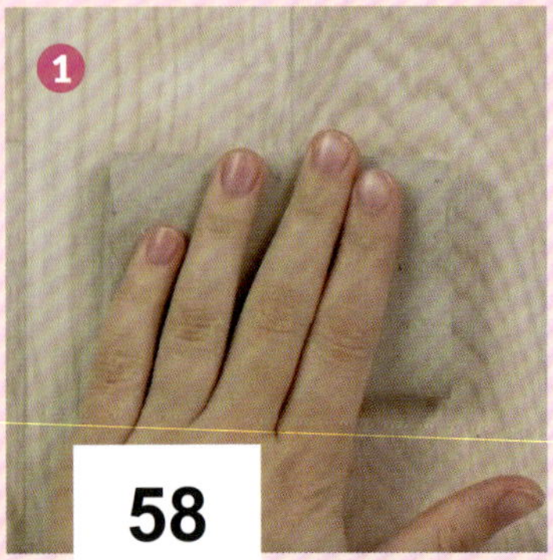

Cette idée en vidéo : https://www.lastucerie.fr/bonnet-noel-diy/

Œufs de dragon

Créez une ambiance féerique avec ces œufs époustouflants tout droit sortis d'un monde de créatures mythiques.

Au travail !

1. Gonflez le ballon et fermez-le avec le clip pour document plutôt que de le nouer.
2. Versez le plâtre de modelage puis l'eau dans la bouteille en plastique, fermez-la et secouez bien.
3. Enfilez l'ouverture du ballon autour du goulot de la bouteille débouchée et versez le plâtre dans le ballon.
4. Nouez le ballon et répartissez le plâtre en faisant tourner le ballon pour que la matière recouvre complètement l'intérieur. Faites ceci pendant environ 15 minutes jusqu'à ce que le plâtre durcisse.
5. Utilisez un couteau pour retirer soigneusement le ballon de l'enveloppe de plâtre et laissez sécher toute la nuit.
6. Faites un petit trou dans la coquille de plâtre à l'aide du marteau et du tournevis.
7. Enlevez délicatement les éclats de la coquille pour agrandir le trou.
8. Peignez l'intérieur et l'extérieur de votre œuf de dragon. Lorsque la peinture est sèche, mettez-y une bougie chauffe-plat et profitez de l'ambiance mystique.

Dans l'atelier :

- Ballon de baudruche
- Clip pour document ou pince à linge
- Grande bouteille en plastique
- Entonnoir
- 200 g de plâtre de modelage
- 100 ml d'eau
- Couteau, cutter ou ciseaux
- Tournevis et marteau
- Pinceau et peinture

Astuce

Utilisez de la peinture métallisée à l'intérieur pour lui donner un éclat vraiment magique.

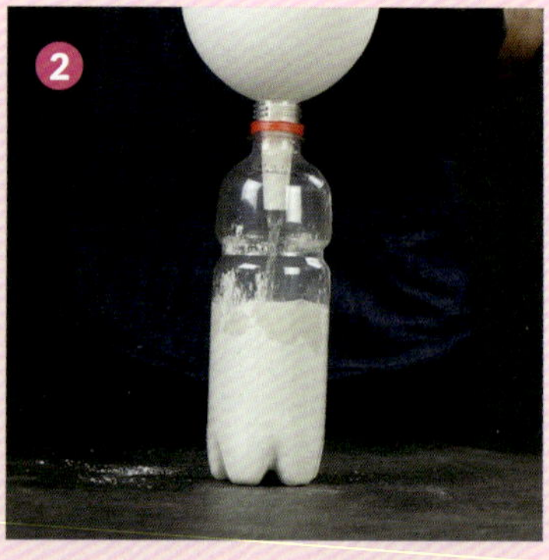

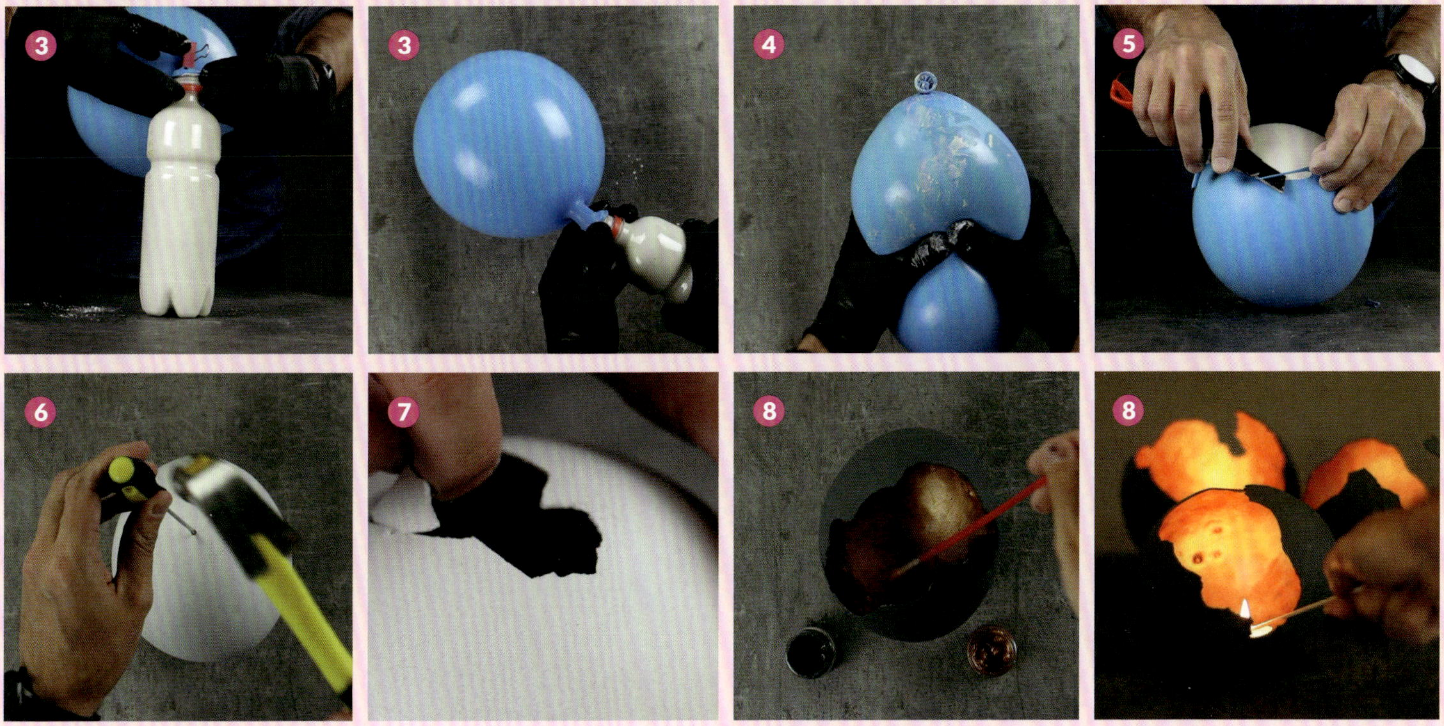

Cette idée en vidéo : https://www.lastucerie.fr/oeufs-dragons/

Cache-cou

Avec seulement deux pelotes de laine et un peu d'habileté, vous aurez quelque chose pour vous tenir chaud pendant les mois d'hiver froids.

Au travail !

(Ce projet n'est pas recommandé aux débutants)

1. Saisissez les extrémités des deux pelotes de laine et mesurez environ six longueurs de bras.
2. Au bout de cette longueur, faites un nœud coulant.
3. Passez ce nœud coulant autour de votre poignet droit. Avec votre main gauche, attrapez les deux fils les plus longs et réalisez une première maille. Passez la boucle de la maille autour du poignet droit.
4. Répétez ce processus jusqu'à ce que vous ayez 12 boucles sur votre bras droit.
5. Tenez le fil long restant de la main droite. Avec votre main gauche, prenez la première boucle de votre poignet droit et faites glissez un peu du fil long à l'intérieur, de sorte à former une petite boucle. Faites glisser autour de votre poignet gauche.
6. Répétez l'opération jusqu'à ce que toutes les boucles du bras droit soient passées à gauche.
7. Recommencez le même procédé jusqu'à ce qu'il n'y ait plus de laine.
8. Lorsque la longueur vous convient, prenez la première boucle de votre poignet gauche et passez-la dans le poignet droit en maintenant le fil long entre l'index et le majeur. Attrapez une nouvelle boucle avec le pouce et l'index (en maintenant toujours le fil long) et tirez dessus. Écartez ensuite la boucle entre le pouce et l'index et attrapez une nouvelle boucle à passer à l'intérieur en la retirant du poignet. Répétez ensuite cette opération jusqu'à libérer vos deux poignets.
9. À la fin, il vous reste une dernière boucle. Coupez-la et faites un nœud bien serré pour que la laine ne s'échappe pas.
10. Il ne vous reste plus qu'à assembler votre cache-cou. Prenez le bout de fil restant d'un côté et enroulez-le entre chaque maille, tout le long de la hauteur de votre création. Finissez par un nœud et retournez-le. Votre nouveau cache-cou est terminé et vous êtes paré(e) pour l'hiver !

Dans l'atelier :

- 2 pelotes de laine de 150 g et 100 m de long
- Ciseaux

Astuce

En prenant plus de fils pour chaque boucle, votre écharpe sera plus épaisse et plus moelleuse.

Cette idée en vidéo : https://www.lastucerie.fr/snood-fait-mains-bleu/

Au travail !

1. Prenez une planche en bois et vissez quatre roulettes à ses coins.
2. À l'aide de la colle à bois, collez la première caisse sur un côté de la planche avec les roulettes.
3. Collez ensuite la seconde caisse de l'autre côté.
4. Collez la seconde planche sur les caisses puis peignez le tout de la couleur de votre choix. Ornez ensuite le banc de coussins et de paniers pour le rendre attractif.

Dans l'atelier :

- 2 planches de bois 120 x 30 cm
- 4 roulettes (avec les vis)
- 2 caisses en bois
- Colle à bois
- Peinture pour le bois

Astuce

Demandez à l'épicerie s'il leur reste des caisses en bois provenant d'une livraison de fruits ou de vin.

Banc DIY pour l'entrée

Pourquoi acheter des meubles quand on peut les fabriquer soi-même facilement ?

Cette idée en vidéo : https://www.lastucerie.fr/banc-chaussures/

Au travail !

1. Coupez une feuille de papier de soie de sorte à ce qu'elle soit un peu plus petite que la feuille de papier normale.
2. Utilisez ensuite le ruban adhésif pour fixer le papier de soie à la feuille de papier, côté brillant à l'intérieur.
3. Déposez les deux feuilles dans l'imprimante de façon à ce que l'image que vous avez choisie sorte sur le papier de soie. Imprimez la photo que vous souhaitez avoir sur votre bougie.
4. Une fois imprimée, découpez l'image en laissant une petite marge à gauche et à droite.
5. Positionnez la photo au milieu de la bougie et couvrez-la avec le papier ciré. Assurez-vous qu'il n'y ait pas de bulles d'air entre les deux feuilles.
6. Passez le sèche-cheveux sur la photo. La couche supérieure de la bougie va se fondre avec le papier de soie. Si les couleurs de l'image s'intensifient, vous êtes sur la bonne voie !
7. Dès que la couleur de la photo est homogène, retirez délicatement le papier ciré et laissez la bougie se solidifier pendant au moins 1 heure avant de l'allumer.

Dans l'atelier :

- 1 grosse bougie
- Papier de soie
- 1 feuille de papier blanc
- Ruban adhésif
- Ordinateur et imprimante
- Ciseaux
- Papier ciré
- Sèche-cheveux

Astuce

Vous pouvez également imprimer un message personnalisé dans une jolie police au lieu d'utiliser une photo.

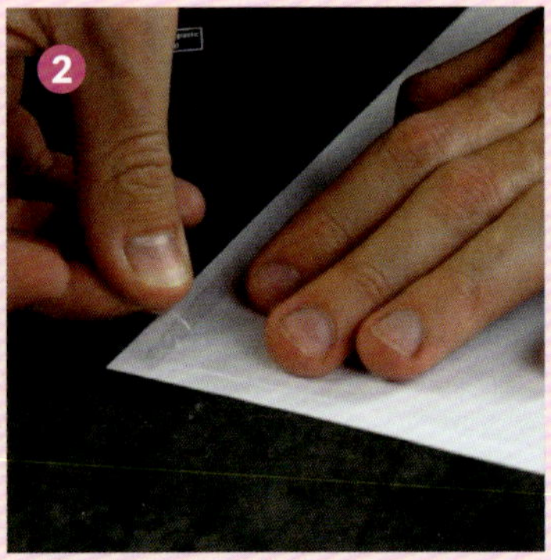

Bougie photo souvenir

En quelques étapes, transformez une bougie toute simple en un cadeau personnalisé et attentionné.

Cette idée en vidéo : https://www.lastucerie.fr/bougie-photo-cadeau/

Au travail !

1. Nettoyez soigneusement le bocal et enlevez l'étiquette. Peignez ensuite l'extérieur avec de la peinture acrylique.

2. Une fois sec, dessinez une tête de lapin avec de la peinture acrylique et un pinceau très fin.

3. Enroulez une ficelle sur le goulot du bocal que vous attachez avec un petit nœud.

4. Pour finir, il n'y plus qu'à remplir votre nouveau vase avec de l'eau et d'y mettre votre bouquet.

Dans l'atelier :

- Bocal en verre long (type asperges)
- Peinture acrylique
- Pinceaux
- Cordelette

Astuce

Utilisez de petits et larges bocaux, pour créer des lapins de différentes tailles.

Vase lapin

Avec ce vase et quelques belles fleurs de printemps, vous ajouterez une touche de couleur à Pâques.

Cette idée en vidéo : https://www.lastucerie.fr/vase-lapin/

Au travail !

1. Commencez par ramasser de petites branches et coupez-les avec une scie pour qu'elles mesurent 30 cm de long.
2. Avec le sécateur, taillez les petites branches qui dépassent pour qu'elles mesurent environ 4 cm.
3. Vissez les branches à la verticale sur l'une des planche en bois de 50 cm.
4. Complétez le cadre en clouant les deux planches de 30 cm sur les côtés.
5. Clouez également la dernière planche pour finir le cadre.
6. Fixez le portemanteau au mur. Notez que la fixation doit pouvoir supporter la charge du portemanteau, des vestes et des sacs qui y seront suspendus.

Dans l'atelier :

- Branches suffisamment épaisses
- Scie
- Sécateur
- 2 planches de bois de 50 cm de long
- 2 planches de bois de 30 cm de long
- Perceuse et vis
- Marteau et clous

Astuce

Pour une meilleure finition, vous pouvez peindre le bois de la couleur de votre choix.

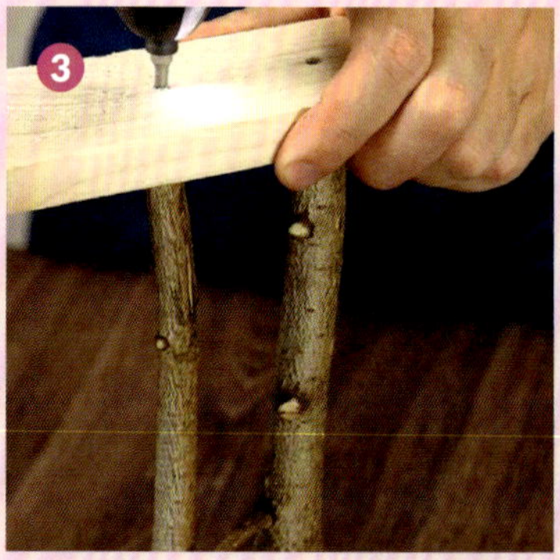

Portemanteau naturel avec des branches

Aimeriez-vous avoir un petit bout de forêt sur vos murs ? Alors ce portemanteau est fait pour vous.

Cette idée en vidéo : https://www.lastucerie.fr/portemanteau-et-col/

Au travail !

1. Coupez le haut de la citrouille comme d'habitude et videz-la.

2. Trouez la citrouille avec des forets de différentes tailles.

3. Enfin, placez une bougie chauffe-plat dans la citrouille et profitez de l'ambiance !

Dans l'atelier :

- Citrouille
- Couteau
- Cuillère
- Perceuse et forets de différentes tailles

Astuce

Marquez l'endroit où vous voulez placer les trous de telle ou telle taille à l'aide d'un crayon.

Citrouilles sculptées et lumineuses

Fabriquez une citrouille-lanterne pour Halloween sans avoir à la sculpter à la main.

Cette idée en vidéo : https://www.lastucerie.fr/compil-astuces-halloween/

Au travail !

1. Passez le premier ruban à travers les dents de la fourchette. Veillez bien à ce qu'il reste un petit morceau de ruban dans votre main gauche.
2. Une fois arrivé à la dernière dent de la fourchette, tournez autour avec votre ruban pour repartir dans l'autre sens et continuez.
3. Continuez à passer votre ruban entre les dents de gauche à droite jusqu'à avoir quatre rangées de ruban de tissu. Enroulez la cinquième seulement autour de la première dent.
4. Nouez le second ruban autour du premier au niveau des dents du milieu. Faites un double nœud et tirez bien sur les bords.
5. Enlevez les rubans de la fourchette : ils prendront la forme d'un nœud. Coupez les extrémités à l'aide des ciseaux.
6. Pour que le ruban ne s'effile pas, rapprochez les bords près d'une flamme pendant quelques secondes.

Dans l'atelier :

- 1 fourchette à 4 dents
- Ciseaux
- 1 bougie
- 2 rubans de tissu de couleurs différentes

Astuce

Les nœuds sont très beaux sur les pinces à cheveux, les lacets, les sacs à main ou autres accessoires.

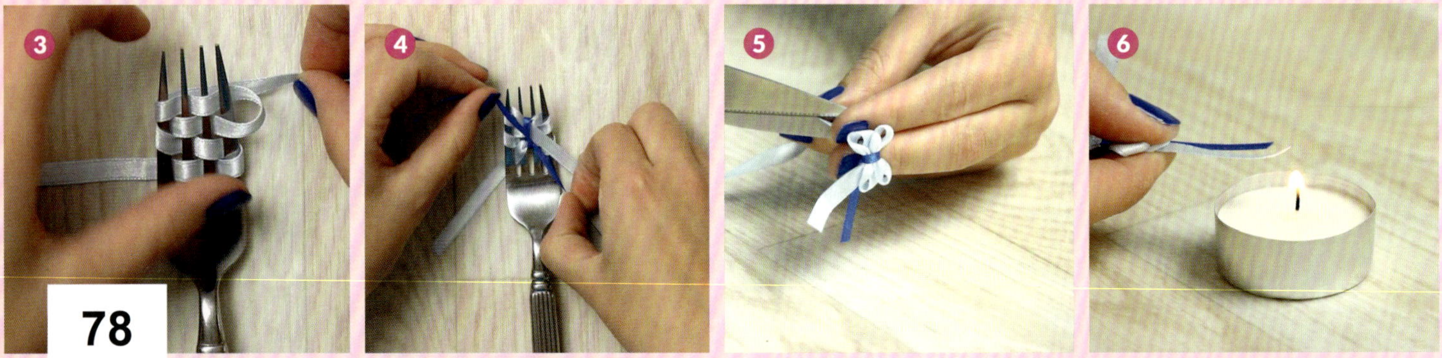

Mini nœuds

Parfois, un cadeau a besoin de plus qu'un beau papier d'emballage. Ces petits nœuds adorables rendent chaque cadeau un peu plus spécial.

Cette idée en vidéo : https://www.lastucerie.fr/noeud-fourchette-cadeau/

Au travail !

1. Pour commencer, tordez le cintre de façon à former un cercle.
2. Déroulez l'attache du cintre au crochet.
3. Enfilez ensuite les boules dans l'ordre que vous souhaitez.
4. Lorsque le cintre est entièrement rempli, rattachez-le au crochet.
5. Faites maintenant un joli gros nœud que vous fixez en haut de votre couronne et accrochez-la, par exemple, à votre porte d'entrée.

Dans l'atelier :

- 1 cintre en fil de fer
- 1 ruban
- Boules de Noël de couleurs et tailles différentes

Astuce

Au lieu d'un cintre, vous pouvez utiliser du fil de fer épais comme alternative.

Couronne de Noël

Une jolie couronne peut être réalisée rapidement et facilement avec quelques boules de Noël et un cintre.

Cette idée en vidéo : https://www.lastucerie.fr/couronne-noel/

Au travail !

1. Coupez le tube d'essuie-tout en deux. Chaque moitié deviendra une bougie.
2. Avec le pistolet à colle chaude, disposez de la colle sur un bord du rouleau et faites-la couler sur les parois externes pour faire ressembler à de la cire fondue.
3. Ajoutez également un filet de colle chaude à l'intérieur du rouleau, le long du bord et laissez sécher à l'air libre
4. Une fois que toute la colle est bien sèche, passez un coup de peinture en spray sur tout le rouleau.
5. Placez une bougie-chauffe plat LED dans le rouleau, du côté où les bords ont été recouverts de colle chaude.
6. Coupez un long morceau de fil et fixez les extrémités au rouleau de chaque côté de la bougie à chauffe-plat LED. Vous pouvez maintenant accrocher votre bougie flottante et profiter de l'atmosphère effrayante.

Dans l'atelier :

- Rouleau d'essuie-tout
- Ciseaux ou couteau
- Pistolet à colle chaude
- Peinture en spray
- Bougie chauffe-plat LED
- Fil noir

Astuce

Utilisez de la peinture phosphorescente pour rendre vos bougies encore plus effrayantes.

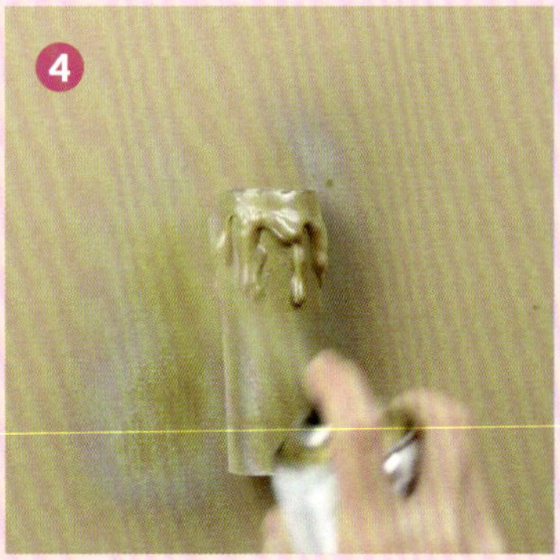

Bougies flottantes effrayantes

Avec cette idée de décoration, transformez votre intérieur en manoir hantée. Parfait pour votre prochaine fête d'Halloween !

Cette idée en vidéo : https://www.lastucerie.fr/idees-halloween/

Au travail !

1. Remplissez la bouteille en plastique avec le béton créatif en vous aidant d'un entonnoir et ajoutez l'eau. Fermez la bouteille et secouez bien pour que le béton recouvre toute la surface intérieure.
2. Étalez un peu d'huile végétale sur le tube en plastique et enfoncez-la dans la bouteille.
3. Fixez le tout avec du scotch.
4. Tapotez légèrement sur la bouteille pour retirer les bulles d'air.
5. Laissez sécher pendant 24 heures.
6. Retirez le ruban adhésif et enlevez le plastique : le béton a pris la forme de la bouteille. Utilisez un cutter avec précaution pour vous faciliter la tâche.
7. Retirez ensuite le tube en plastique du vase en béton et mettez-le de côté, vous en aurez besoin plus tard.
8. Décorez votre vase en béton en le peignant comme vous le souhaitez. Pour avoir des lignes droites et nettes, utilisez du ruban de masquage comme protection.
9. Coupez le tube en plastique en deux et enfoncez la partie inférieure dans le trou du vase en béton. Prenez soin à ce que le tube soit « ouvert » vers le haut.
10. Remplissez le tube en plastique avec de l'eau et mettez quelques fleurs à l'intérieur.

Dans l'atelier :

- 1 pinceau
- Peinture de la couleur de votre choix
- Ruban de masquage
- 800 g de béton créatif
- 1 entonnoir
- 120 ml d'eau
- Huile végétale
- 1 tube en plastique (ex : un vieux tube de vitamines ou de pastilles pour la gorge)
- 1 bouteille en plastique avec une grosse ouverture (ex : une bouteille de lait chocolaté)

Astuce

Sans eau, le vase peut également servir de bougeoir.

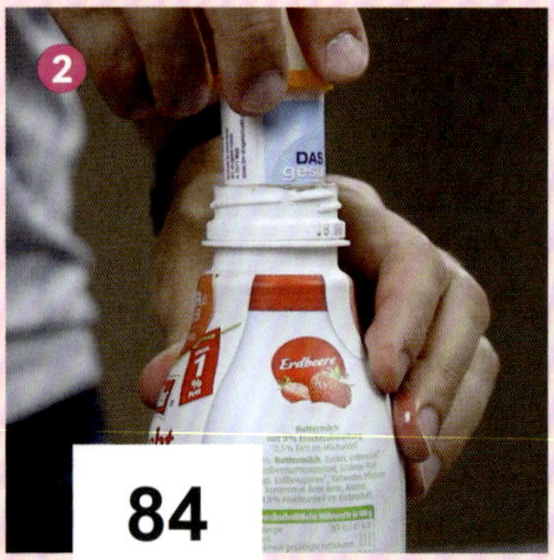

Vase industriel

Donnez une touche personnelle à votre intérieur avec ces vases en béton coulé.

Cette idée en vidéo : https://www.lastucerie.fr/vase-en-beton/

Au travail !

1 Placez les lampions de manière légèrement décalée et attachez-les les uns aux autres avec de la colle chaude.

2 À l'aide des ciseaux, faites ensuite un trou dans chacun des lampions dans lequel vous passez la guirlande LED.

3 Étalez la colle chaude sur les lampions et collez la ouate dessus. Une fois la colle sèche, il ne vous reste plus qu'à accrocher votre lampe nuage au plafond.

Dans l'atelier :

- 3 lampions
- Ouate de rembourrage
- Colle chaude
- Ciseaux
- Guirlande LED (avec différents programmes et couleurs pour plus de féerie)

Astuce

Lors de l'achat, veillez à utiliser une guirlande LED qui ne chauffe pas.

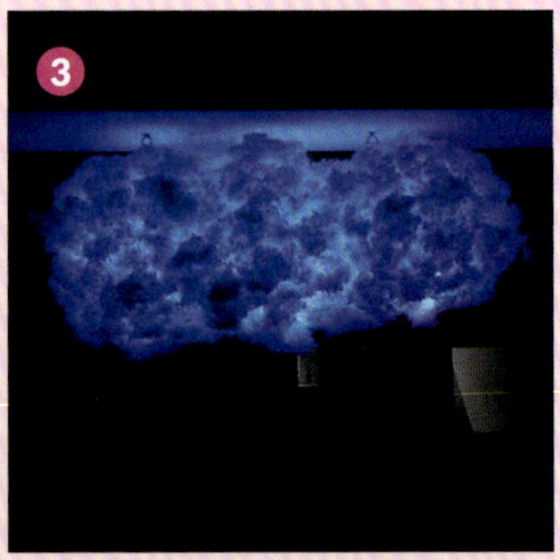

Lampe nuage

Avec une lumière douce comme celle-ci dans votre maison, vous pourriez désormais aimer les journées nuageuses !

Cette idée en vidéo : https://www.lastucerie.fr/lampe-nuage/

Au travail !

1. Utilisez un stylo pour dessiner une ligne au milieu et tout autour de la clémentine. Prenez un livre pour vous aidez à tracer une ligne bien droite.

2. Coupez la peau de la clémentine selon cette ligne.

3. Pelez doucement l'agrume afin de garder les deux parties de l'écorce intactes. Aidez-vous d'une cuillère si vous rencontrez des difficultés.

4. Remplissez l'écorce du bas avec de l'huile d'olive et assurez-vous que le bout de la queue blanche reste à l'air libre. Elle fera office de mèche.

5. Découpez un motif, par exemple une étoile, dans l'autre moitié, de manière à ce que la flamme soit alimentée en air et qu'elle soit un peu décorée.

6. Allumez la mèche, refermez avec la deuxième moitié de clémentine et profitez de cette douce lumière.

Dans l'atelier :

- Clémentine (ou mandarine)
- Couteau
- Stylo
- Huile d'olive

Astuce

Utilisez des citrons ou des citrons verts comme alternative en été.

Bougie clémentine

Après avoir apprécié son goût sucré et acidulé, utilisez la peau d'une clémentine pour ajouter une lumière chaleureuse aux longues soirées d'hiver.

Cette idée en vidéo : https://www.lastucerie.fr/lanternes-mandarines/

Au travail !

1. Coupez un bon bout de pâte à modeler et ramollissez-le pour en faire une boule que vous pourrez travailler.
2. Avec le rouleau à pâtisserie, aplatissez de la taille de la feuille, sur environ 1 cm d'épaisseur.
3. Posez ensuite la feuille par-dessus et aplatissez fortement les contours et les reliefs avec le doigt pour qu'elle soit bien « imprimée » dans la pâte à modeler.
4. Avec précaution et précision, découpez la pâte à modeler autour de la feuille avec le cure-dents. Vous pouvez retirer la tige de la feuille.
5. Retirez soigneusement la feuille de la pâte à modeler.
6. Utilisez le scalpel pour retirer la pâte à modeler en forme de feuille du plan de travail.
7. Placez la pâte à modeler sur un bol préalablement huilé. Le bol doit permettre à la feuille modelée de former une coupelle.
8. Placez le bol avec la pâte à modeler dans le four à 110 °C pendant 25 minutes.
9. Attendez que la pâte à modeler ait durci et refroidi avant de la retirer du bol.
10. Enfin, peignez votre bol avec la peinture acrylique de votre choix.

Dans l'atelier :

- 1 grande feuille encore fraîche
- 1 paquet de pâte à modeler à cuisson au four
- Rouleau à pâtisserie
- 1 cure-dents
- 1 bol en verre
- Huile végétale
- Scalpel
- Peinture acrylique métallisée
- 1 pinceau

Astuce

Le vide-poche en feuille est un récipient pratique pour les bijoux, les clés ou les petits gâteaux apéro.

Vide-poche avec une feuille morte

Toute l'année, apportez un morceau d'automne chic dans votre intérieur.

Cette idée en vidéo : https://www.lastucerie.fr/coupelle-bijoux/

Au travail !

1. Percez un trou au milieu du couvercle.
2. Insérez ensuite la tige filetée dans le trou en la laissant dépasser de 1 cm sur le dessus. Fixez-la avec un écrou de chaque côté du couvercle.
3. Enroulez un tissu en coton et faites-le passer à travers la tige. Laissez un peu de tissu dépasser du dessus pour servir de mèche à la lampe.
4. Remplissez le bocal de pétales de rose. Vous pouvez également essayer du thym, des écorces d'orange ou des branches de sapin.
5. Remplissez maintenant le bocal avec de l'huile de tournesol et fermez le couvercle. Allumez votre lampe et remplissez votre maison de ce doux parfum.

Dans l'atelier :

- 1 bocal en verre avec couvercle
- Perceuse
- 1 tige filetée creuse de 3 à 5 cm
- 2 écrous pour maintenir la tige filetée
- Tissu en coton
- Huile de tournesol
- Pétales de roses

Astuce

Pour un parfum agréable pendant les vacances, essayez un mélange de cannelle, d'oranges, d'anis étoilé et de branches de sapin.

Lampe à huile sent-bon

Elles sont aussi belles qu'elles sentent bon ! Des lampes à huile parfumées faites maison.

Cette idée en vidéo : https://www.lastucerie.fr/bougie-naturelle-maison/

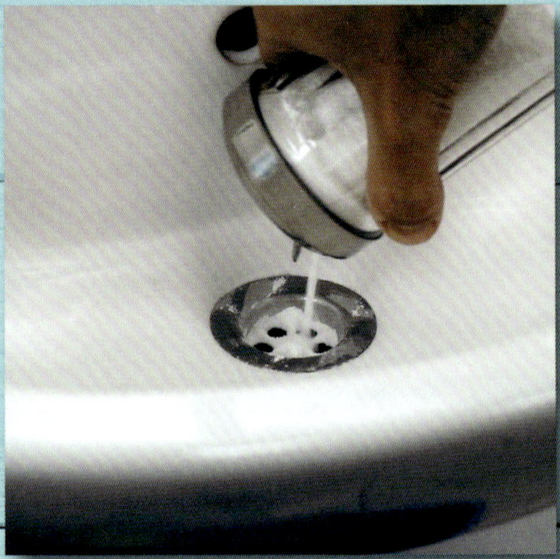

Une maison propre

Conseils et astuces pour une maison étincelante

Au travail !

1. Mélangez le bicarbonate de soude et l'acide citrique dans un bol.
2. Ajoutez quelques gouttes d'huile parfumée au mélange.
3. Versez le liquide vaisselle et mélangez bien le tout.
4. Versez le mélange dans un bac à glaçons et laissez sécher pendant 4 heures.
5. Lorsqu'il est temps de nettoyer les toilettes, il suffit de déposer une tablette dans la cuvette et de la laisser agir.

Dans l'atelier :

- 130 g de bicarbonate de soude
- 30 g d'acide citrique en poudre
- Huile parfumé
- 1 c. à s. de liquide vaisselle
- Bac à glaçons

Astuce

Conservez vos tablettes dans un récipient hermétique.

Tablettes WC faites maison

Nettoyer des toilettes n’est jamais amusant, mais ces tablettes faites maison peuvent rendre la tâche beaucoup plus facile.

Cette idée en vidéo : https://www.lastucerie.fr/tablettes-wc-maison/

Au travail !

1. Mélangez la colle et le bicarbonate de soude ensemble.
2. Ajoutez le colorant alimentaire et remuez jusqu'à ce que le mélange ait une couleur uniforme.
3. Ajoutez maintenant la solution pour lentilles de contact.
4. Pétrissez jusqu'à ce qu'elle ait une consistance gluante. Il suffit maintenant de la passer sur une surface sale et de regarder les miettes et la poussière s'y coller.

Dans l'atelier :

- 250 g de colle artisanale transparente
- 8 g de bicarbonate de soude
- 3-4 gouttes de colorant alimentaire
- 2 c. à s. de solution saline pour lentilles de contact

Astuce

Vous pouvez utiliser votre pâte plusieurs fois si vous la malaxez après l'avoir nettoyée.

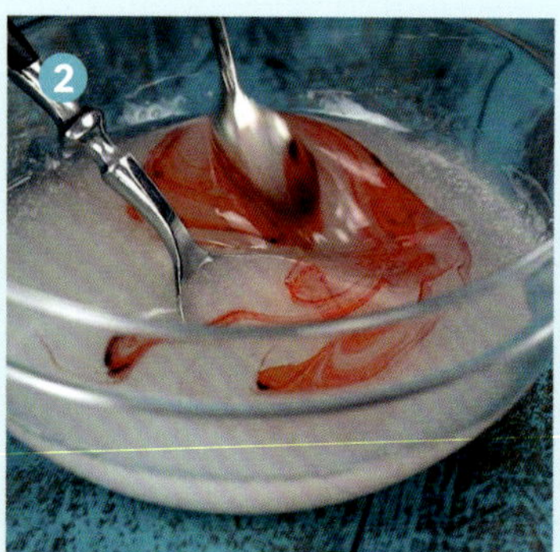

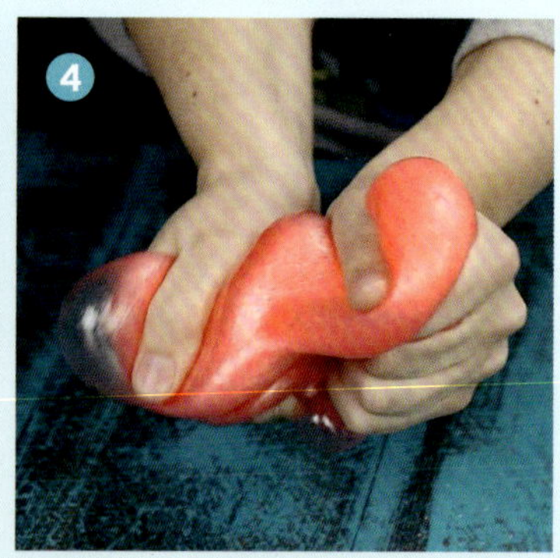

Pâte de nettoyage

Vous avez du mal à nettoyer tous ces endroits difficiles d’accès ? Avec cette recette, glissez-vous dans tous les recoins.

Cette idée en vidéo : https://www.lastucerie.fr/pate-de-nettoyage/

Au travail !

1. Mélangez le bicarbonate de soude et le sel.
2. Versez le mélange dans la canalisation bouchée.
3. Ajoutez un peu de vinaigre chaud.
4. La dernière étape consiste à verser de l'eau chaude dans la canalisation. Et voilà, ce bouchon est de l'histoire ancienne !

Dans l'atelier :

- 200 g de bicarbonate de soude
- 200 g de sel
- Vinaigre blanc chaud
- Eau chaude

Astuce

Rangez votre produit pour déboucher les canalisations dans un récipient avec bec verseur.

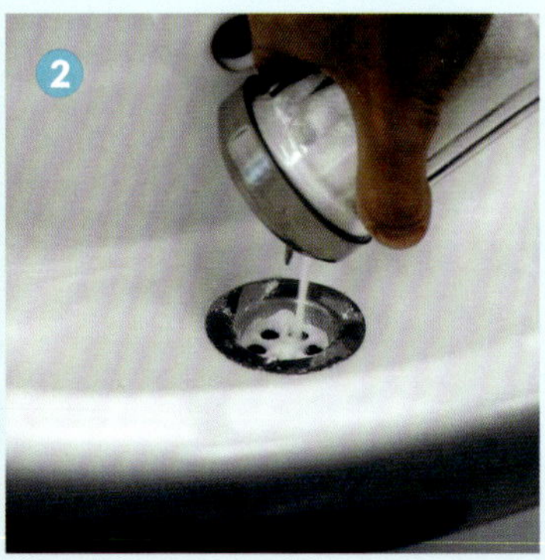

Déboucher les canalisations naturellement

Une canalisation bouchée peut être vraiment ennuyeuse, mais il existe un moyen d'y remédier sans utiliser de produits chimiques.

Cette idée en vidéo : https://www.lastucerie.fr/moyen-canalisa-bouchees/

Au travail !

1. Mettez un peu de bicarbonate de soude dans un bol et ajoutez un peu d'eau et de vinaigre blanc.

2. Appliquez le mélange sur les surfaces incrustées dans le four à l'aide d'une éponge.

3. Mettez le bol avec le mélange dans le four et réglez à 100 °C pendant 45 minutes. Vous pouvez maintenant simplement essuyer toute la graisse et la crasse et votre four sera comme neuf.

Dans l'atelier :

- Bicarbonate de soude
- Eau
- Vinaigre de vin blanc

Astuce

Utilisez une éponge pour humidifier les surfaces incrustées avant d'appliquer le nettoyant.

Nettoyant pour four super facile

Une cuisson répétée sur un four sale et encrassé peut rendre son nettoyage de plus en plus difficile. Mais avec cette méthode, c'est un vrai jeu d'enfant.

Cette idée en vidéo : https://www.lastucerie.fr/four-nettoyage-video/

Au travail !

1. Mélangez le bicarbonate de soude, l'acide citrique et le sel d'Epsom dans un bol.

2. Versez le vinaigre et mélangez bien le tout.

3. Ajoutez environ 20 gouttes d'huile essentielle de citron au mélange pour donner à vos tablettes un parfum agréable.

4. Versez le mélange à la cuillère dans le bac à glaçons et laissez sécher pendant 24 heures.

5. Retirez les tablettes du bac à glaçons et conservez-les dans un récipient hermétique, par exemple un bocal en verre. Si elles sont trop grandes pour le compartiment du lave-vaisselle, il suffit de les couper à l'aide d'un couteau.

Dans l'atelier :

- 200 g de bicarbonate de soude
- 200 g d'acide citrique
- 100 g de sel d'Epsom
- 120 ml de vinaigre blanc
- Huile essentielle de citron
- Bac à glaçons

Astuce

Si vous n'avez pas de bac à glaçons, utilisez une plaque de cuisson et coupez les cubes lorsque le tout est sec.

Tablettes pour le lave-vaisselle faites maison

Les tablettes pour le lave-vaisselle sont pratiques mais coûteuses. Alors pourquoi ne pas en fabriquer vous-même ?

Cette idée en vidéo : https://www.lastucerie.fr/pastilles-vaisselle-maison/

Au travail !

1. Versez successivement la levure chimique, le liquide vaisselle et l'eau dans le vaporisateur.

2. Fermez la bouteille et secouez-la vigoureusement.

3. Pulvérisez le mélange sur les zones recouvertes de moisissure et laissez agir pendant 30 minutes.

4. Enfin, essuyez avec une éponge et de l'eau chaude.

Dans l'atelier :

- 1 vaporisateur
- 3 c. à c. de levure chimique
- 30 ml de liquide vaisselle
- 300 ml d'eau chaude

Astuce

Pour éviter l'apparition de moisissures, aérez régulièrement afin d'éviter l'humidité.

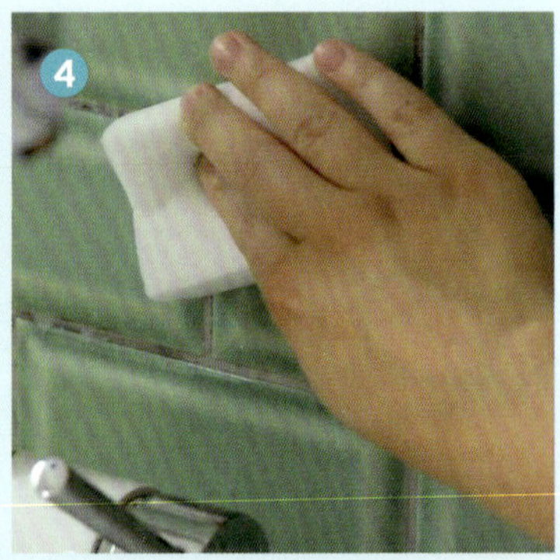

Contre la moisissure

Avec cette recette simple pour le ménage, débarrassez-vous très rapidement des moisissures dans la cuisine ou la salle de bains.

Cette idée en vidéo : https://www.lastucerie.fr/antimoisi/

Au travail !

1. Versez les quantités indiquées de liquide vaisselle et de vinaigre dans un vaporisateur.
2. Fermez la bouteille, mais ne la secouez pas. Il faut plutôt mélanger délicatement les contenus.
3. Vaporisez le mélange sur le carrelage et la robinetterie.
4. Étalez avec le côté rugueux d'une éponge et laissez le mélange agir pendant 30 minutes.
5. Rincez les carreaux et les raccords avec une éponge et de l'eau claire.

Dans l'atelier :

- Vaporisateur
- Entonnoir
- 200 ml de liquide vaisselle
- 300 ml de vinaigre chaud

Astuce

Le produit est aussi efficace pour faire briller la cuisine.

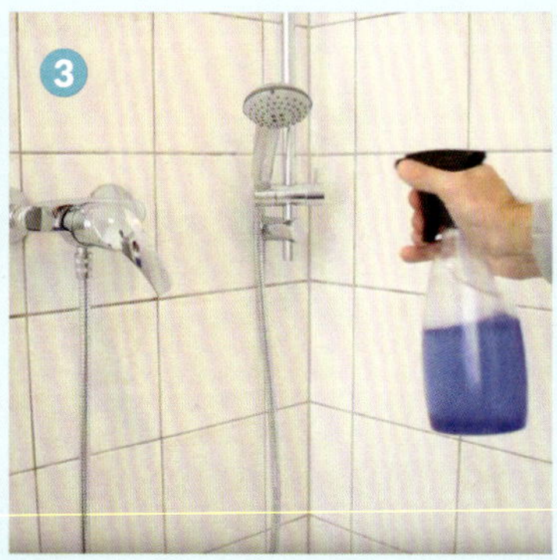

Produit nettoyant pour salle de bains

Il suffit de deux ingrédients simples pour faire briller votre baignoire et votre douche.

Cette idée en vidéo : www.facebook.com/watch/?v=1250016401710624

Au travail !

1. Versez l'eau dans un petit bol.

2. Coupez le citron en deux. Pressez les deux moitiés dans le bol et mettez-les dedans.

3. Mettez le bol dans le micro-ondes et laissez-le fonctionner pendant 3 minutes.

4. Il ne vous reste plus qu'à laisser agir 5 minutes et à essuyer ensuite la saleté tenace avec une éponge.

Dans l'atelier :

- 100 ml d'eau
- 1 citron

Astuce

Mettez un cure-dent dans le bol d'eau pour éviter qu'elle ne déborde lorsqu'elle va bouillir.

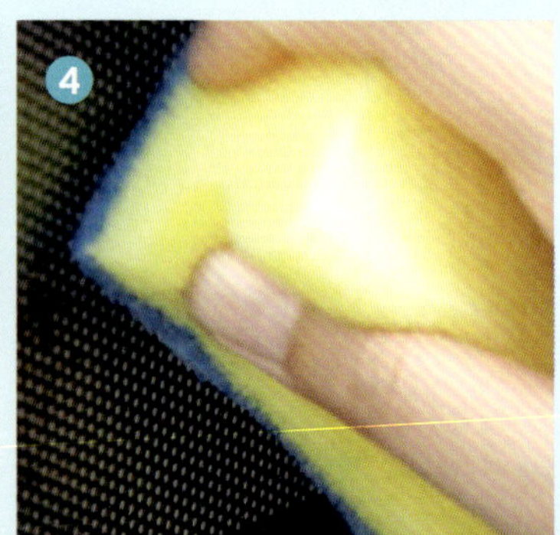

Nettoyer le micro-ondes en un rien de temps

Le nettoyage du micro-ondes devient hyper facile grâce à deux ingrédients.

Cette idée en vidéo : https://www.lastucerie.fr/nettoyer-micro-ondes-facile/

Nettoyant pour acier inoxydable

Dans l'atelier :

- 1 orange (ou tout autre agrume)
- Gros sel de mer

Vos appareils et accessoires en acier inoxydable brilleront comme neufs après cette simple astuce de nettoyage.

Au travail !

1. Coupez l'orange en deux et étalez une cuillère de sel sur la pulpe.
2. Frottez l'orange sur vos appareils ou accessoires en acier inoxydable et rincez-les à l'eau. Ils seront comme neufs !

Dans l'atelier :

- Vaporisateur
- Eau
- Alcool isopropylique

Spray dégivreur fait-maison

Il suffit de deux ingrédients pour ne plus avoir à gratter les vitres et pare-brises en hiver.

Au travail !

1. Remplissez la bouteille au tiers avec de l'eau et aux deux tiers avec de l'alcool isopropylique.
2. Fermez la bouteille et agitez-la un peu pour bien mélanger le contenu.
3. Vaporisez le mélange sur les vitres givrées de votre voiture.

Enlever les poils

Dans l'atelier :

- Gant en caoutchouc

Avec les poils d'animaux, l'aspirateur peut souvent être obstrué. Mais grâce à cette astuce, ils s'en vont sans effort.

Au travail !

1. Au lieu d'aspirer les poils d'animaux dans le panier ou sur le tapis, il suffit d'enfiler le gant en caoutchouc et de le passer sur les surfaces pour ramasser les poils gênants.

Dans l’atelier :

- 1 tête de brosse ronde
- 1 perceuse
- 1 boulon
- 1 écrou

Super brosse

Pas vraiment la motivation de frotter à la main ? Faites appel à la super brosse !

Au travail !

1. Percez un trou au milieu de la brosse.
2. Vissez le boulon dans le trou, la tête du côté des poils. Elle doit bien dépasser de l‘autre côté.
3. Fixez le boulon à la brosse avec l‘écrou.
4. Fixez la brosse sur la perceuse, comme si c‘était une tête de forage. Voilà comment frotter sans effort !

Baskets comme neuves

Grâce au dentifrice et à une brosse à dents, vos baskets redeviendront d'un blanc éclatant.

Dans l'atelier :

- Éponge
- Brosse à dents
- Dentifrice

Au travail !

1. Humidifiez les parties en gomme blanche de vos chaussures à nettoyer avec une éponge humide.
2. Appliquez du dentifrice sur la brosse à dents et frottez les baskets avec. Essuyez avec un chiffon propre.

Dans l'atelier :

- 1/3 de tasse de levure chimique
- 1 tasse de vinaigre blanc
- 1 sac en plastique ou de congélation
- 1 élastique

Pommeau de douche tout propre

Détartrez votre pommeau de douche sans trop d'efforts.

Au travail !

1. Versez la levure chimique et le vinaigre dans le sac.
2. Fixez le sac autour du pommeau de douche avec un élastique.
3. Assurez-vous que le pommeau de douche est bien immergé dans le mélange et laissez agir pendant 2 à 3 heures.
4. Essuyez le pommeau de douche avant de l'utiliser à nouveau.

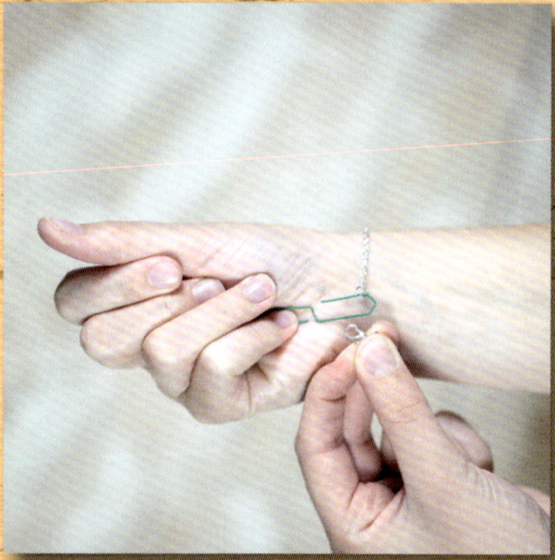

Mehl
Tee
Zucker

Réparations rapides

Des solutions géniales et faciles pour les problèmes du quotidien

Au travail !

1. Posez le tissu à plat et tracez un demi-cercle sur l'un des côtés les plus courts. Utilisez les ciseaux pour découper le demi-cercle et deux pièces obliques de chaque côté de celui-ci.

2. Cousez le ruban au niveau du demi-cercle en laissant suffisament dépasser pour pouvoir l'attacher plus tard autour du cou.

3. Cousez le ruban sur les côtés les plus longs en les laissant suffisament dépasser du côté opposé de l'attache du cou pour pouvoir faire une boucle et accrocher les ventouses.

4. Attachez le tablier autour du cou et suspendez-le aux ventouses que vous avez fixées au miroir. La salle de bains restera propre !

Dans l'atelier :

- 1 morceau de tissu, 85 cm x 40 cm
- Ruban en tissu
- Ciseaux
- 1 crayon
- Aiguille et fil
- 2 ventouses avec crochets

Astuce

Si vous utilisez du tissu plastifié à la place, vous pourrez rincer le tablier après chaque utilisation.

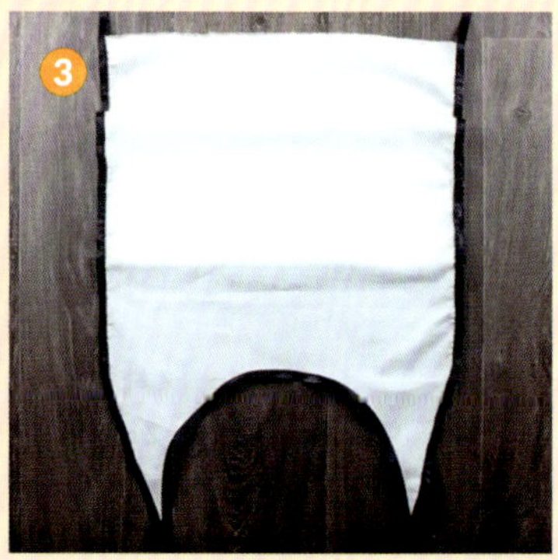

Tablier pour la barbe de Monsieur

Couper la barbe peut laisser un sacré bazar dans la salle de bains. Voici la solution !

Cette idée en vidéo : https://www.lastucerie.fr/compil-as-pour-quotid/

Au travail !

1. Découpez le tissu en coton à la taille désirée et déposez-le sur une feuille de papier sulfurisé.

2. Râpez de la cire d'abeille au-dessus du morceau de tissu.

3. Posez une deuxième feuille de papier sulfurisé sur le tissu recouvert de cire râpée.

4. Chauffez le fer à repasser et repassez le tissu en coton jusqu'à ce que la cire d'abeille ait fondu dans le tissu.

5. Laissez sécher le tissu avant d'y envelopper vos aliments.

Dans l'atelier :

- 1 bougie en cire d'abeille
- 1 morceau de tissu en coton
- Papier sulfurisé
- Râpe à fromage
- Fer à repasser

Astuce

Votre emballage alimentaire fait-maison peut être réutilisé si vous le nettoyez avec de l'eau et du détergent.

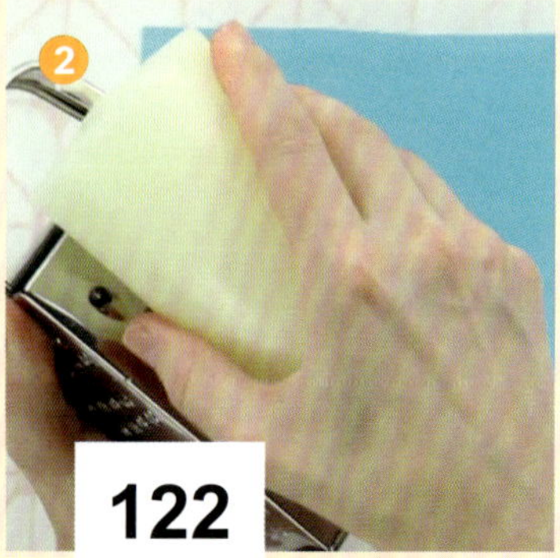

Emballage alimentaire fait-maison

Le film plastique peut libérer des substances nocives dans les aliments. Voici l'alternative sûre et respectueuse de l'environnement.

Cette idée en vidéo : https://www.lastucerie.fr/film-protection/

Au travail !

1. Coupez l'extrémité de la chaussette et enroulez-la sur elle-même pour en faire un anneau.
2. Faites une queue de cheval avec l'élastique.
3. Passez la queue de cheval dans la chaussette et enroulez la pointe des cheveux autour de l'anneau.
4. Faites rouler lentement l'anneau de chaussette sur la queue de cheval tout en rentrant les cheveux au fur et à mesure.
5. Continuez jusqu'à ce que l'anneau soit collé à votre tête et que le chignon soit terminé. Voilà ! Le chignon parfait sans tous les tracas et les tâtonnements.

Dans l'atelier :

- 1 chaussette
- 1 élastique
- Ciseaux

Astuce

Il est préférable d'utiliser une chaussette esseulée pour ne pas avoir à découper une paire intacte.

Chignon parfait et rapide

Pas de temps à perdre pour vous coiffer ? Avec cette astuce, vous aurez le chignon parfait en quelques secondes !

Cette idée en vidéo : https://www.lastucerie.fr/chignon-chaussette/

Au travail !

1. Retirez la bougie chauffe-plat de son moule et enlevez la mèche.
2. Frottez la cire sur toutes les surfaces en tissu de vos chaussures.
3. Passez le sèche-cheveux sur vos chaussures pour faire fondre la cire.
4. Laissez-les sécher quelques minutes et vous serez prêt pour la prochaine douche d'été !

Dans l'atelier :

- 1 bougie chauffe-plat
- Sèche-cheveux

Astuce

Utilisez une bougie parfumée pour donner à vos chaussures un parfum agréable.

Imperméabilisant facile pour les chaussures

Les chaussures en toile sont parfaites pour l'été, sauf quand il pleut... Mais grâce à cette simple astuce, vous pouvez garder vos pieds au sec.

Cette idée en vidéo : https://www.lastucerie.fr/chaussures-toile-imper/

Au travail !

1. Utilisez l'entonnoir pour verser tous les ingrédients dans la bouteille en plastique.

2. Vissez le bouchon et agitez vigoureusement la bouteille pendant quelques minutes. Il ne vous reste plus qu'à verser le mélange dans une casserole. Bon Ap' !

Dans l'atelier :

- 1 bouteille en plastique vide
- 1 entonnoir
- 300 ml de lait
- 150 g de farine
- 1 c. à s. d'huile végétale
- 3 c. à s. de sucre
- 1 œuf

Astuce

Vous pouvez aussi utiliser cette technique pour faire des œufs brouillés bien moelleux.

Pâte à crêpe en bouteille

Préparez des crêpes plus vite qu'il ne faut pour le dire et sans tout mettre en désordre.

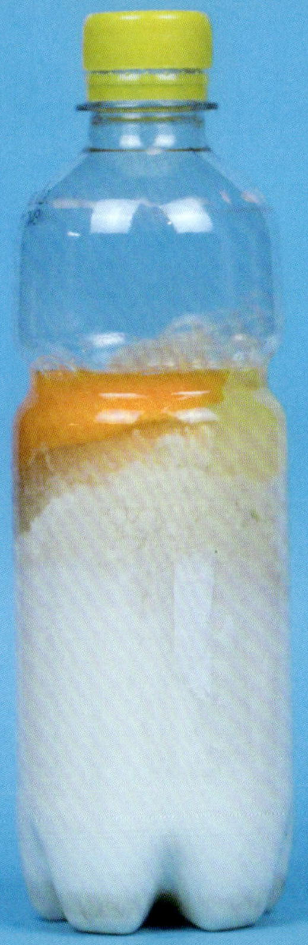

Cette idée en vidéo : https://www.lastucerie.fr/crepes-en-bouteille/

Au travail !

1. Étalez le t-shirt et placez le sous-vêtements sur la partie haute, sur l'encolure.
2. Repliez les manches du t-shirt sur le milieu.
3. Superposez les chaussettes sur le haut du t-shirt, à la hauteur des manches, les orteils vers l'intérieur.
4. Enroulez le t-shirt par le haut et glissez votre brosse à dents dedans. Les chaussettes dépassent.
5. Enveloppez votre t-shirt avec les chaussettes en les rabattant des deux côtés.
6. Le tour est joué ! Vous êtes prêt à vous échapper pour la nuit !

Dans l'atelier :

- 1 t-shirt
- 1 boxer, caleçon ou culotte
- 1 paire de chaussettes
- 1 brosse à dents

Astuce

Emportez du dentifrice en mettant le tube dans un sac de congélation et en l'enroulant dans le paquet.

Empaqueté pour la nuit

Pas besoin de faire une valise quand vous découchez seulement pour une nuit. Emportez tout ce dont vous avez besoin sous votre bras, dans une paire de chaussettes !

Cette idée en vidéo : https://www.lastucerie.fr/parfaitement-empaquete/

Au travail !

1. Vissez un écrou à l'extrémité de la tige filetée et placez une rondelle sur le dessus. Passez la tige à travers le pot par le bas.

2. Placez une rondelle, un écrou, une autre rondelle et enfin le plus petit pot d'argile dans la tige filetée.

3. Fixez le petit pot en plaçant une autre rondelle et un écrou sur la tige.

4. Posez les deux briques à plat sur une surface plane et déposez la soucoupe au milieu des deux.

5. Allumez les deux bougies chauffe-plat sur la soucoupe.

6. Posez les deux pots vissés ensemble à l'envers sur les briques au-dessus des bougies chauffe-plat. Après un certain temps, la pièce sera beaucoup plus chaude.

Dans l'atelier :

- 1 grand pot en argile
- 1 petit pot en argile
- 1 tige filetée
- 4 rondelles
- 3 écrous
- 2 briques
- 2 bougies chauffe-plat
- 1 soucoupe

Astuce

Utilisez des bougies parfumées pour diffuser un parfum agréable dans la pièce.

Chauffage d'appoint fait maison

Un moyen astucieux de garder votre maison à une température agréable tout en faisant des économies sur la facture de chauffage.

Cette idée en vidéo : https://www.lastucerie.fr/chauffage-appoint/

Ramollir le beurre

Dans l'atelier :

- 1 verre d'eau chaude

Un moyen simple et rapide de rendre le beurre dur plus mou et facile à tartiner.

Au travail !

1. Remplissez un grand verre d'eau chaude et laissez reposer pendant 1 minute.
2. Versez l'eau et retournez le verre sur le beurre.
3. Laissez le verre chaud agir pendant 2 minutes. Retirez le verre et votre beurre est prêt à être étalé.

Dans l'atelier :

- 1 bouteille de ketchup en verre

Faites couler le ketchup !

Le ketchup reste coincé dans sa bouteille en verre ? Voici un moyen simple et rapide de le faire couler !

Au travail !

1. Posez la bouteille de ketchup sur une table, sur le côté.
2. Tournez-la plusieurs fois de gauche à droite. Il suffit juste d'enlever le bouchon et de regarder la sauce couler !

Éplucher l'ail facilement

Dans l'atelier :

- 1 bocal avec son couvercle

Épluchez et préparez votre ail sans vous retrouver avec les mains qui sentent mauvais.

Au travail !

1. Il suffit de placer la tête d'ail dans le bocal, de fermer le couvercle et de l'agiter vigoureusement.
2. Continuez à secouer jusqu'à ce que les gousses soient séparées et que toute la peau soit enlevée.

Dans l'atelier :

- 1 élastique plat

Retirer une vis à la tête usée

Voici une façon astucieuse de retirer une vis même lorsque la tête est usée.

Au travail !

1. Posez l'élastique à plat sur la tête de vis endommagée.
2. Appuyez fermement le tournevis dans la tête de la vis.
3. L'élastique aidera le tournevis à saisir la vis et vous pourrez l'enlever facilement.

Piles en test

Dans l'atelier :

- La pile à tester

Pas besoin de gadgets sophistiqués pour savoir si les piles sont pleines ou vides.

Au travail !

1. Tenez la pile à quelques centimètres au-dessus d'une surface plane et rigide. Laissez-la tomber pour que l'extrémité plate touche la surface.
2. Plus elle rebondit sur la surface, plus elle est vide. Une pile pleine ne rebondit pas du tout.

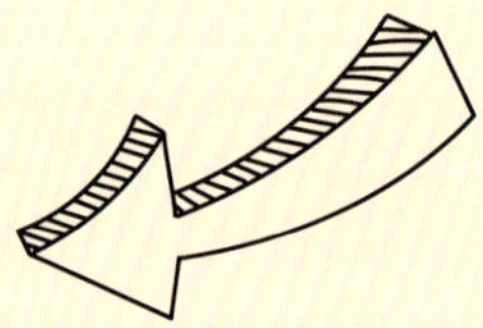

Dans l'atelier :

- 1 pomme de terre
- Fourchette

La grille du barbecue reste comme neuve

Il vous suffit d'une pomme de terre pour éviter que la viande ne colle à la grille lors de votre prochain barbecue.

Au travail !

1. Coupez la pomme de terre en deux et piquez la fourchette dans l'une des deux moitié.
2. Frottez le côté coupé de la pomme de terre sur la grille et profitez de votre barbecue sans avoir la viande qui colle dessus.

Desserrer un boulon sans clé

Dans l'atelier :

- 1 boulon
- 1 écrou

Vous n'avez pas les bons outils sous la main ?
Utilisez un boulon et un écrou pour faire le travail !

Au travail !

1. Placez le boulon horizontalement sur la tête du boulon à dévisser.
2. Serrez l'écrou jusqu'à ce que la tête du boulon soit coincée. Vous pourrez maintenant desserrer le boulon coincé.

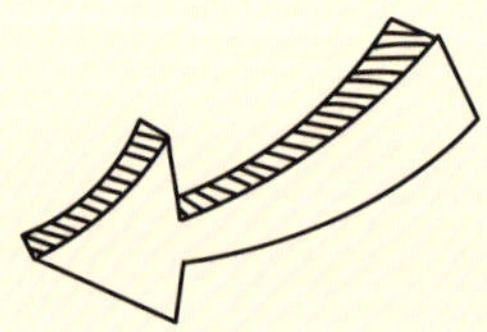

Dans l'atelier :

- Rouleaux de papier toilette
- Ruban adhésif coloré ou peinture

Fini les câbles emmêlés

Vous en avez assez de démêler les câbles chaque fois que vous en cherchez un dans la boîte de rangement ? Voici une solution facile.

Au travail !

1. Donnez un code couleur aux rouleaux de papier toilette avec le ruban adhésif ou la peinture.
2. Démêlez vos câbles et enroulez-les proprement pour qu'ils s'insérent dans les rouleaux.
3. Insérez les câbles enroulés dans les rouleaux et empilez-les dans un tiroir ou une boîte. Désormais, ils ne s'emmêleront plus les uns avec les autres.

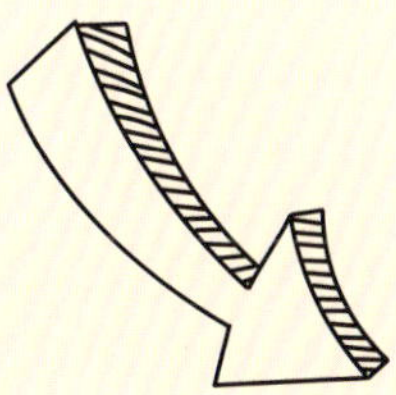

Détecter les courants d'air

Dans l'atelier :

- 1 bougie chauffe-plat
- Briquet ou allumettes

Vous sentez un courant d'air, mais vous ne savez pas d'où il vient ? Voici une solution simple.

Au travail !

1. Allumez la bougie chauffe-plat et placez-la au milieu de la pièce.
2. La flamme vacillante vous indiquera d'où vient le vent. Si vous n'êtes toujours pas sûr, faites le tour de la pièce avec elle jusqu'à ce que vous localisiez la source du courant d'air.

Dans l'atelier :

- 1 trombone

Attacher un bracelet tout seul et sans problème

Mettre un bracelet n'est pas une tâche facile. Ce petit conseil va vous dépanner et éviter de vous prendre la tête.

Au travail !

1. Plier le trombone.
2. Accrochez-le au petit anneau à l'extrémité du bracelet.
3. Tenez le trombone pendant que vous refermez le bracelet.
4. Grâce au trombone, l'autre extrémité du bracelet ne glissera pas de votre poignet lorsque vous fermerez votre bijou. C'est aussi simple que ça !

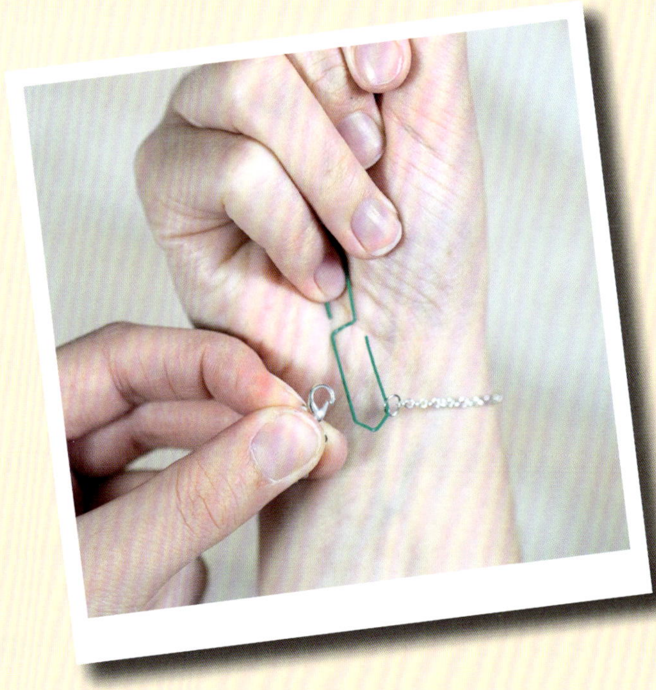

Planter un clou en toute sécurité

Dans l'atelier :

- 1 pince à linge

Voici un moyen simple d'éviter de se faire mal la prochaine fois que vous devrez utiliser le marteau.

Au travail !

1. Tenez le clou avec la pince à linge.
2. Peu importe que vous visiez à côté : c'est la pince à linge qui prendra le coup à la place de votre pouce !

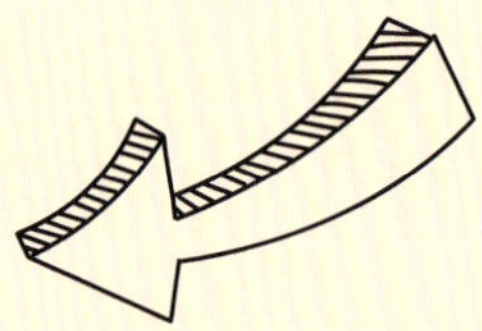

Dans l'atelier :

- 1 bouteille de vin vide et propre
- 1 bouchon
- Perceuse

Auto-arrosage des plantes

Grâce à ce simple système d'irrigation, vos plantes n'auront pas soif pendant vos vacances.

Au travail !

1. Remplissez la bouteille avec de l'eau.
2. Enfoncez le bouchon dans la bouteille et percez un petit trou au travers.
3. Enfoncez le goulot de la bouteille de vin dans la terre. La bouteille libérera l'eau une goutte à la fois pour maintenir vos plantes hydratées.

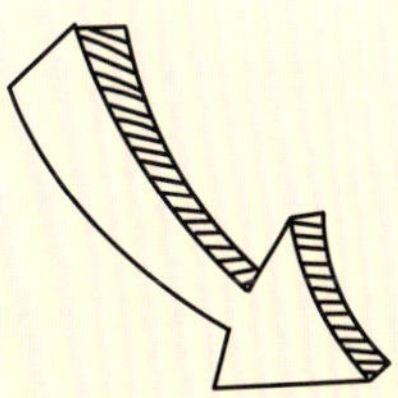

Piège à moucherons

Les moucherons peuvent être un véritable fléau. Voici un moyen facile de se débarrasser de ces petites bestioles !

Dans l'atelier :

- 2 c. à c. de vinaigre de cidre
- 3 c. à c. d'eau
- 3 gouttes de liquide vaisselle

Au travail !

1. Versez le vinaigre et l'eau dans un bol et ajoutez le liquide vaisselle. Mélangez les ingrédients.

2. Placez le bol près des fruits. Un par un, les moucherons seront pris au piège et vos fruits seront sauvés.

Dans l'atelier :

- 1 vieille paire de collants
- 2 rouleaux en carton de papier cadeau

Boudin de porte fait maison

Utilisez une vieille paire de collants pour faire des économies sur votre facture de chauffage.

Au travail !

1. Coupez une jambe des collants. L'autre jambe ne sera pas nécessaire.
2. Insérez les deux rouleaux dans la jambe du collant côte à côte.
3. Tournez puis insérez le bout découpé du collant dans les extrémités des tubes.
4. Passez le double boudin sous la porte de manière à ce que chacun des rouleaux se retrouve de part et d'autre de la porte. Et voilà ! Fini les courants d'air désagréables !

Éplucher des pommes de terre rapidement

Dans l'atelier :

- 1 bol d'eau froide
- Glaçons

Grâce à cette astuce simple, vous pouvez éplucher les pommes de terre très rapidement sans même utiliser de couteau.

Au travail !

1. Remplissez un bol d'eau froide et ajoutez des glaçons.
2. Faites bouillir les pommes de terre et faites-les tremper immédiatement dans l'eau glacée pendant 15 secondes.
3. Après le trempage, vous devriez pouvoir enlever facilement la peau des pommes de terre à la main.

Dans l'atelier :

- 2 sachets de gel de silice

Photos bien conservées

Les sachets de gel de silice sont disponibles dans toutes sortes de produits nouvellement achetés. Il ne faut pas les jeter ! Ils peuvent vous aider à conserver vos plus beaux souvenirs en toute sécurité.

Au travail !

1. Mettez simplement les paquets dans la boîte où vous rangez vos anciennes photos.
2. Le gel de silice absorbera l'humidité et empêchera vos photos de coller entre elles ou de se décolorer.

Fermer la fermeture Éclair d'une robe facilement

Pour remonter la fermeture Éclair au dos d'une robe, il faut souvent une paire de mains supplémentaire. Mais grâce à cette solution astucieuse, vous pouvez le faire seul(e).

Dans l'atelier :

- 1 collier

Au travail !

1. Attachez le fermoir du collier à la fermeture Éclair de la robe.
2. Maintenant, il suffit de tirer sur le collier pour remonter la fermeture Éclair. Une fois habillée, vous pourrez même mettre le collier pour compléter votre tenue.

Dans l'atelier :

- 1 pot de confiture (presque) vide

Milkshake aux restes de confiture

Il est difficile de finir toute la confiture d'un bocal. Mais avec cette idée maline, elle ne sera pas gaspillée.

Au travail !

1. Remplissez le pot avec du lait et vissez le couvercle.
2. Secouez vigoureusement le bocal jusqu'à ce que tout le reste de la confiture soit mélangé au lait. Enlevez le couvercle, déposez une paille et dégustez !

Retirer le cœur de laitue facilement

Dans l'atelier :

- 1 laitue
- 1 planche à découper

D'un simple geste, vous pouvez retirer le cœur d'une tête de laitue. Pas besoin de couper !

Au travail !

1. Frappez le cœur de laitue sur la planche à découper.
2. Le cœur sera poussé vers l'intérieur et se détachera des feuilles. Quelqu'un veut de la salade ?

Dans l'atelier :

- 1 Post-it

Percer sans poussière

Percer un trou dans un mur entraine souvent beaucoup de poussière. Mais avec cette astuce toute simple, votre plan de travail restera propre !

Au travail !

1. Pliez légèrement le Post-it au milieu et collez-le sur le mur juste sous l'emplacement choisi pour percer.
2. Alors que vous percez, le Post-it retient la poussière et vous pouvez vous en débarrasser facilement.

Le pain dur retrouve tout son moelleux

Dans l'atelier :

- Papier aluminium
- Four

Ne jetez pas votre pain rassis. Voici un moyen facile de lui redonner son croustillant et son moelleux.

Au travail !

1. Trempez le pain dans l'eau jusqu'à ce qu'il soit complètement humide.
2. Enveloppez-le dans du papier aluminium et enfournez-le 15 minutes à 200 °C.
3. Retirez le papier aluminium et faites-le à nouveau cuire 10 minutes supplémentaires à 200 °C. Une fois terminée, ce pain est presque aussi bon et frais que lorsqu'il sortait de la boulangerie.

Dans l'atelier :

- 1 clé à tête ronde

Astuce pour le caddie

Pas de pièces ou de jetons pour dévérouiller un caddie ? Voici un excellent moyen de remplacement !

Au travail !

1. Si nécessaire, retirez la clé du porte-clés.
2. Insérez l'extrémité ronde dans la fente où la pièce va habituellement. Retirez le verrou et c'est parti !

Répulsif naturel à guêpes

Voici un moyen naturel d'éloigner les guêpes de votre maison sans leur faire de mal.

Dans l'atelier :

- 1 grand sac en papier brun
- Journal
- Ficelle ou cordelette

Au travail !

1. Remplissez le sac en papier avec du papier journal déchiqueté.
2. Attachez le sac avec la ficelle et donnez-lui la forme d'un nid de guêpes.
3. Accrochez-le dans votre cour ou devant votre porte. Maintenant, les guêpes vont éviter la zone en pensant qu'un autre groupe de guêpes a déjà revendiqué le territoire.

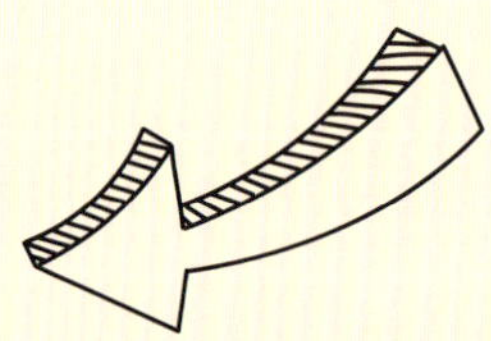

Désodorisant naturel pour chaussures

Dans l'atelier :

- 2 sachets de thé vides
- Bicarbonate de soude

Il n'est pas toujours évident d'avoir des chaussures qui sentent bon. Mais voici une astuce pour se débarrasser de ces mauvaises odeurs.

Au travail !

1. Remplissez les sachets de thé avec du bicarbonate de soude.
2. Mettez-les dans vos chaussures pleines de sueur et laissez-les s'imprégner de cette odeur. Adieu la puanteur !

Support de câbles

Dans l'atelier :

- Pinces double-clip

Vos câbles seront toujours organisés et à portée de main grâce à cette idée géniale.

Au travail !

1. Enfilez le câble dans la poignée de la pince double-clip
2. Fixez la pince sur le bord du bureau. Les câbles débranchés restent en place, de sorte à les avoir à portée de main immédiatement.

L'astucerie

L'équipe de L'Astucerie :

Chargé de Production Vidéo :
Joana Cidade
Inken Dworak

Producteurs Vidéo :
Hanns Schmelzer
Mandy Dörre
Miri Weber
Mark Schilling
Jomard Jamil

Team editoriale :

Chargé du Projet Livre :
Paul McCormick

Conception et Mise en page du livre :
Nicolas Buenaventura Arango
Lara Nelles
Kosuke Nishimoto

Texte et Édition :
Alexander Schölch
Martin Breit
Benjamin Krüger
Christoph Beck
Paul McCormick

Traduction :
Sarah Barrault

Relecture :
Aurore Gautherin
Florent Wira

www.lastucerie.fr

facebook.com/lastucerie
instagram.com/lastucerie
pinterest.de/lastucerie
youtube.com/c/lastuceriefrance

MEDIA 20 14 PARTISANS

Media Partisans GmbH
Berliner Str. 89
14467 Potsdam Germany
ISBN: 978-3-9821688-2-1

Printed in Germany by
Westermann Druck Zwickau GmbH